高等学历继续教育电子商务专业系列教材

农村电子商务运营

主　编　戎　丹　翟佳佳
副主编　赵威畅　张瀚文　李婷婷

中国教育出版传媒集团
高等教育出版社·北京

内容提要

全书分为六个项目，认识农村电商、农村电商运营思维、农村电商平台运营、农产品网络营销、农产品冷链物流、农业产业化园区建设规划，系统全面地介绍了农村电子商务运营的各个方面，可以帮助读者掌握电商运营的核心技能。本书可以作为高职高专电子商务、市场营销或继续教育相关专业的教材，也可以作为农村电商从业者、对农村电商感兴趣读者的参考读物。

图书在版编目（CIP）数据

农村电子商务运营 / 戎丹，翟佳佳主编；赵威畅，张瀚文，李婷婷副主编. -- 北京：高等教育出版社，2024.8. -- ISBN 978-7-04-062557-8

Ⅰ. F713.36

中国国家版本馆 CIP 数据核字第 2024UL8456 号

NONGCUN DIANZI SHANGWU YUNYING

策划编辑 袁　畅　　责任编辑 贾　雯　　封面设计 张　志　　版式设计 杨　树
责任绘图 邓　超　　责任校对 刘娟娟　　责任印制 高　峰

出版发行 高等教育出版社
社　　址 北京市西城区德外大街 4 号
邮政编码 100120
印　　刷 北京汇林印务有限公司
开　　本 787 mm × 1092 mm　1/16
印　　张 9.25
字　　数 170 千字
购书热线 010-58581118
咨询电话 400-810-0598

网　　址 http://www.hep.edu.cn
　　　　 http://www.hep.com.cn
网上订购 http://www.hepmall.com.cn
　　　　 http://www.hepmall.com
　　　　 http://www.hepmall.cn

版　　次 2024 年 8 月第 1 版
印　　次 2024 年 8 月第 1 次印刷
定　　价 19.10 元

物 料 号　62557-00

高等学历继续教育电子商务专业系列教材
编写委员会

总　主　编： 胡坚达

编委会主任： 沈凤池

编委会副主任： 陈　明、陆亚文

编委会委员：

姓名	职称/职务	所属单位
胡坚达	教授/院长	宁波城市职业技术学院
沈凤池	教授	浙江商业职业技术学院
陈　明	教授	浙江工商职业技术学院
陆亚文	教授/主任	杭州科技职业技术学院
陈　强	教授	浙江商业职业技术学院
李琳娜	教授/副校长	海南职业技术学院
徐慧剑	教授/副校长	浙江农业商贸职业学院
陈长英	教授/院长	杭州科技职业技术学院
王　桃	教授/院长	海南职业技术学院
蒋　鹏	教授/处长	义乌工商职业技术学院
傅志辉	教授	浙江商业职业技术学院
杨晓伟	教授	宁波城市职业技术学院
严　伟	教授	广西质量工程职业技术学院
张越宇	副教授/副校长	那曲市职业技术学校
史勤波	副教授	浙江工商职业技术学院
陈海飞	副教授/院长	浙江舟山群岛新区旅游与健康职业学院
林　巧	副教授	宁波城市职业技术学院
戎　丹	副教授/副院长	宁波城市职业技术学院
张进华	副教授/系主任	毕节职业技术学院

序 <<<<<<<<<

智能商务时代的到来，提升了电子商务应用的深度与广度，使之成为推动经济增长和社会进步的重要力量。为了满足市场对电子商务专业人才的需求，高等教育出版社与本套系列教材的编写委员会精心策划并编写了这套高等学历继续教育电子商务专业系列教材，旨在培养具备有一定的理论功底和实际操作能力以及创新思维的电子商务专业人才。

本系列教材根据教育部《关于推进新时代普通高等学校学历继续教育改革的实施意见》（教职成〔2022〕2号）和教育部办公厅《关于加强高等学历继续教育教材建设与管理的通知》（教职成厅函〔2021〕28号）等文件精神，以培养学生的实践能力和创新思维为核心，以贴近实际应用、注重案例教学、提高学生的综合能力和就业竞争力为开发理念，是一套与电子商务专业高等学历继续教育高度适用的优质教材。

本系列教材第一批次包括《大学信息技术基础》《商业管理基础》《电子商务概论》《财税基础》《商务数据分析》《电子商务法律法规》《电子商务视觉设计》《电子商务运营与管理》《电子商务客服与管理》《电子商务直播运营》《网络营销》《电子商务物流管理》《跨境电子商务运营》《电子商务创业管理》《农村电子商务运营》《旅游电子商务运营》等，基本涵盖了电子商务专业的核心课程。每门教材都围绕一个主题展开，重点突出，内容丰富，旨在帮助学习者全面了解企业电子商务运营与管理的整个过程。第二批次将重点开发适用电子商务行业发展需要的拓展课程。

本系列教材在总体设计上参考了国家专业标准，同时也充分考虑了人才培养的现实需求与继续教育的特殊性。为了尽可能地让整个教材体系简洁高效，具有较强的逻辑性，编写委员会邀请了全国著名的职业教育专家、教授以及企业管理人员，对本系列教材进行了充分的论证。如专家们建议，为了高效地奠定学习者的理论基础，将经济学、管理学与商业经济学的基础理论有机地整合在一起，开发《商业管理基础》教材；为了让学习者掌握企业经济核算与管理的知识与技能，将企业会计核算与纳税实务高度融合，形成《财税基础》教材；专家们也建议应注重旅游电子商务人才的培养，应开发《旅游电子商务运营》教材；为乡村振兴的伟大事业提供一份力量，应开发《农村电子商务运营》教材。本系列教材编写委员会认为这些建议都是真知灼见。

本系列教材的编写团队由来自全国电子商务职业教育领域的专家、学者和教师组成，他们具有丰富的教学和实践经验，对电子商务的发展趋势和市场需求有深入的了解。团队的成员们将共同努力，为读者提供质量高、实用性强的优秀教材。

高等学历继续教育电子商务专业系列教材编写委员会

前　言 <<<<<<<<<

随着信息技术的飞速发展和互联网的普及，电子商务已经渗透到我们生活的方方面面，而农村电商作为其中的一个重要分支，正逐渐展现出巨大的潜力和活力。农村电商不仅为农民打开了一扇通往广阔市场的大门，也为乡村振兴、农业现代化提供了新的动力。因此，培养具备农村电商知识和技能的高素质人才，已成为高等职业教育的重要任务之一。

本书旨在帮助读者全面了解农村电商的发展现状、运营思维、平台运营、网络营销、冷链物流以及农业产业化园区建设规划等多个方面的知识。通过系统学习，使读者能够掌握农村电商的核心运营技能，具备分析市场、选择产品、运营网店、处理订单及售后服务等实际操作能力，为投身农村电商打下坚实的基础。

本书按照农村电商的运营逻辑和实践需求，分为六个项目，每个项目下设有若干小节。项目一主要介绍农村电商和农产品电商的基本概念；项目二详细阐述了农村电商的运营思维，包括互联网思维、流量变现思维、创新思维等；项目三重点介绍农村电商平台的运营流程，从市场分析与选品到平台选择、网店装修等；项目四专注于农产品网络营销的策略和方法，包括短视频营销、直播营销等；项目五则讲解了农产品冷链物流的知识，为农产品的保鲜和运输提供解决方案；项目六则展望了农业产业化园区的建设规划，为农业的可持续发展提供思路。

本书具有以下特点：1.系统性：全书结构清晰，从农村电商概述到电商运营思维，再到具体的平台运营、网络营销、冷链物流以及农业产业化园区建设规划，内容层层递进，为读者提供了一个完整、系统的学习框架。2.实用性：每个项目都紧密结合农村电商的实际运作，通过案例分析、实践操作等方式，帮助读者将理论知识转化为实际操作能力。3.前瞻性：在介绍传统电商知识的基础上，本书还重点关注了短视频营销、直播营销等新兴的营销方式，帮助读者紧跟时代步伐，把握电商发展的新趋势。4.指导性：本书不仅适合作为高职学生的教材，也可供农村电商从业者、对农村电商感兴趣的读者参考，为他们在农村电商的道路上提供指导和帮助。

期望通过本书的学习，读者能够深入理解农村电商的内涵和外延，掌握电商运营的核心技能，为推动我国农村电商的健康发展贡献自己的力量。同时，我们也希望本书的出版能够为高职电子商务、市场营销等专业的教学提供有力的支撑，推动我国高等职业教育在农村电商领域的进一步发展。

感谢所有为本书编写提供支持和帮助的专家顾问、教师团队、编辑出版人员等。他们的辛勤工作和专业指导为本书的顺利出版提供了有力保障。

编　者

2024年6月

目　录 <<<<<<<<<

项目一　认识农村电商

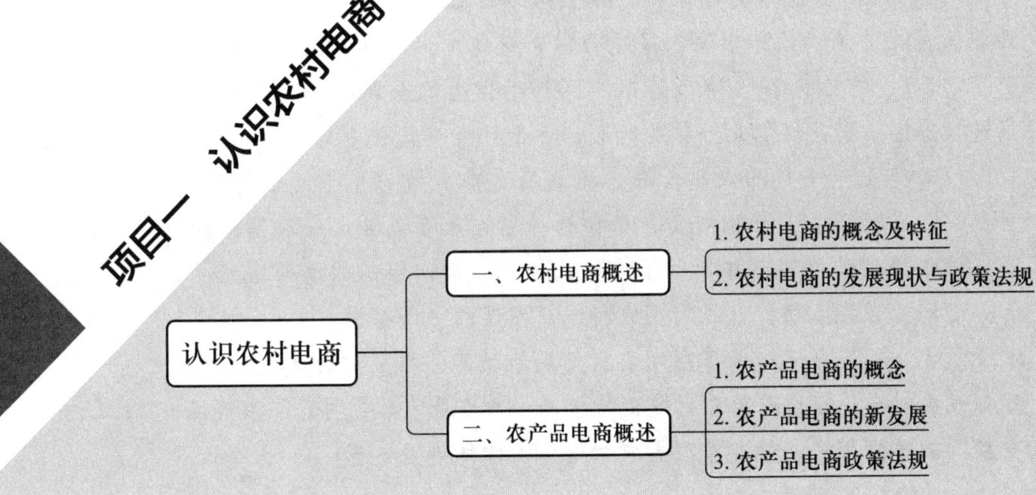

学 习 目 标

知识目标

① 理解农村电商的概念和基本特征。

② 熟悉农村电商的发展现状与政策法规。

③ 掌握农产品电商的概念。

④ 了解农产品电商新发展和政策法规。

能力目标

① 会通过互联网查找、分析农村电商政策等文件资料。

② 能够根据自身情况，应用政策法规进行农产品电商的合规经营。

③ 能够对农村电商发展现状提出一定的建议。

④ 能够为农村电商的数字化转型提出初步的想法。

素质目标

① 增强社会责任意识，能够为促进农村经济发展作出积极贡献。

② 提升沟通能力，能够与各类合作伙伴有效合作。

③ 提升信息素养，能够熟练运用电商平台进行农产品营销。

④ 培养服务意识，能够为用户提供优质的产品和服务。

引导案例

“这是我们自己养的小笨鸡，无公害，经过好几小时炖制，才能有如此的美味。笨鸡营养丰富，最适合滋补身体，大家喜欢的就赶紧下单吧。”近日，在山东省临清市某镇，1995年出生的全职妈妈玲玲正在家里进行直播带货，仅仅几分钟的时间，上千只烧鸡就被一抢而空。

玲玲是土生土长的农村女孩。做电商之前，她为了生活四处奔波，自从有了孩子不方便外出打工，她便选择留在家乡创业。一次偶然的机会，她接触到了电商，并参加了当地政府有关部门组织的电商培训，成为一名职业带货主播，这是我国农村电商发展的一个缩影。

近年来，我国多地为了激发农村发展新动能，拓宽群众增收新渠道，紧抓发展机遇，积极培育农村电商特色产业和专业人才，打造“农产品+电商”的营销模式，激发了广大农村电商人才的创业热情。

项目一 引导案例想一想参考答案

想一想

① 玲玲作为一个农村女孩，她是如何利用电商实现创业梦想和增加家庭收入的？她的成功经验有哪些值得借鉴的地方？

② 农村电商在促进农村发展和群众增收方面的作用是什么？请列举一些农村电商的优势和潜在挑战。

一、农村电商概述

随着互联网和移动互联网的普及，农村电子商务（简称“农村电商”）作为新兴的商业模式在我国农村地区迅速崛起，并成为促进农村发展、增加农民收入的重要途径。它打破了传统的农产品销售模式，通过在线购物平台和移动应用，使农产品直接面向消费者，缩短了产地与消费者之间的销售链条，提高了农产品的销售效率和市场竞争力。

农村电商的发展还得益于政府的支持和互联网技术的革新。政府鼓励农村电商发展的政策及措施，为农村电商的兴盛提供了有力保障。

1. 农村电商的概念及特征

农村电商，作为信息技术与农业相融合的产物，正以前所未有的方式改变着农村地区的经济格局和社会面貌。它不仅为农民提供了全新的创业机遇和增收途径，也为城市消费者提供了更加便捷和多样化的农产品购买渠道。

过去，农村居民在获取所需产品时往往面临着诸多难题。由于地域交通条件限制和信息不对称，农村市场供应相对不足，城市供应则因中间环节过多导致农产品价格过高。与此同时，需求信息无法准确传递，让农产品流通链条更加复杂。

伴随着互联网技术的飞速发展，农村卖与城市买的模式焕发了全新活力。农村电商以信息互通为基础，利用电商平台和在线支付等，将农产品直接与城市消费者连接起来，打破了地域限制和信息壁垒。农民可以通过电商渠道将自家生产的优质农产品推向市场，实现农村的产业增值和经济腾飞；而城市消费者则能够通过在线购买渠道，便捷地获取新鲜、绿色、健康的农产品。这种直接连接的方式，让农村卖与城市买之间的距离越来越短，实现了农村与城市的互利共赢。

正是农村电商这一崭新商业模式的出现，让农产品的销售不再局限于传统的地理范围，也不再受限于传统的交易模式。它为农民创造了新的就业机会和创业平台，同时为城市居民带来了更加便捷和优质的购物体验。

下面我们来准确地定义一下农村电商吧!

农村电商是指利用互联网技术和网络平台，将农产品特别是农村特色产品直接销售给消费者的商业活动，它为农民和农产品提供了新的销售渠道和商业模式。与传统的农产品销售方式相比，农村电商突破了地域限制，通过互联网和物流配送，使农产品能够远销全国乃至全球。

（1）农村电商的特征和作用

① 利用互联网和信息技术手段。农村电商依托互联网和信息技术手段，包括电子商务平台、移动互联网应用、大数据分析等，实现农产品的线上销售、订单管理、物流配送等。

② 地域覆盖广泛。农村电商通过互联网技术，可以突破传统的地域限制，让农产品从生产地直接送达消费者手中，实现农产品的全国甚至全球销售。

③ 提供农产品销售和农村综合服务。农村电商不仅仅是农产品的销售，还包括了农村综合服务的拓展。例如，提供农业技术培训、农村金融服务，建设农村电商产业园区等，为农民提供全方位的农村电商服务。

④ 线上线下结合，建立农村电商生态链。农村电商通过线上线下结合的方式，实现农产品的线上销售和线下配送。它涵盖了农产品的产地采摘、仓储、在线销售、物流配送，形成了完整的农村电商生态链。

⑤ 提升农产品附加值。农村电商通过品牌化、标准化和增值服务提升农产品的附加值，提高农产品的市场竞争力。

⑥ 促进农村经济发展，实现农民增收致富。农村电商的发展可以促进农

村经济的发展，拓宽农产品销售渠道，解决农产品滞销问题，带动农民增收致富。

（2）农村电商的范畴

① 农产品销售。农村电商主要内容为农产品的销售，包括粮食、蔬菜、水果、畜牧产品、水产品等。它使农民能够直接将自己生产的农产品通过互联网销售给消费者，实现农产品的线上交易。

② 农村特色产品推广。除了传统的农产品，农村电商也推广农村特色产品，如手工艺品、土特产、农家乐等具有地方特色和文化内涵的产品和服务，以满足消费者对特色商品的需求。

③ 农业生产资料供应。农村电商也提供农业生产资料，如农药、化肥、农机具等，为农民提供便捷的购买途径，促进优质农业生产。

④ 农业技术服务。农村电商不仅是交易平台，还提供农业技术服务，如农业知识传播、农业专家咨询、农业培训等，帮助农民提升农业生产技术水平。

⑤ 乡村旅游推广。农村电商也可推广乡村旅游产品和服务，包括农家乐、农庄民宿、农业观光等，为游客提供丰富的乡村旅游体验。

⑥ 培训和交流平台。农村电商还可以作为农业培训和经验交流的平台，为农民提供学习资源以及与其他农友互动的机会。

综上所述，农村电商是一种以农村地区为主要经营对象，利用互联网和信息技术手段提供农产品销售和农村综合服务的电子商务形式。它通过线上线下相结合的方式，整合农村资源，促进农村经济发展，实现农民增收致富。

果农的电商直播

农村电商中最典型的案例就是农产品直播销售。农村电商的主体通过直播平台将农产品的销售过程实时展示给消费者观看，并通过在线交流，实现产品销售。这种方式结合了互联网技术、视频直播和电商模式，将农产品的销售过程可视化、互动化，提升了消费者对产品的信任度和购买的效率。

例如，一位农民通过农村电商平台登录直播平台，展示他的果园和果树种植过程，向消费者介绍果树的品种、生长环境、果实的品质等。消费者可以通过直播平台观看农民的直播，就有关产品提问，并实时与农民互动交流。如果消费者对某款产品感兴趣，他们可以通过直播平台上的购买链接下单购买，付款后选择发货方式。

农民收到订单后，根据购买者提供的地址信息，将产品进行包装和配送。

消费者在收到产品后可以进行评价和售后反馈，促进农民不断改进产品质量和服务。

这样的农产品直播销售模式，既满足了消费者对产品的需求和购买体验，又为农民提供了直接销售渠道和市场机会，推动了农产品的销售和农村经济的发展。

说一说

通过调研，分析一个农村电商成功案例，并进行案例分享。

前面讲到了农村电商的概念，相信大家对农村电商有了一定的了解，通过案例分享，也一定会进一步加深了对农村电商的认知，现在我们来看一看，农村电商发展到如今的规模都经历了哪些事情？

2. 农村电商的发展现状与政策法规

（1）农村电商的发展现状

1996 年、1997 年，中国农业信息网和中国农业科技信息网相继建成开通，信息技术在农业领域的应用进入快速发展阶段，农村电子商务应运而生。

2012 年，中央一号文件提出“充分利用现代信息技术手段，发展农产品电子商务等现代交易方式”，生鲜电商迅速发展，农产品电商的序幕由此拉开。2012 年，几个主要电商、物流平台的代表性事件有：

2012 年 5 月，顺丰优选成立，依靠顺丰集团的物流与配送优势进行运营。2012 年成立时，冷链配送仅限北京，2017 年，冷链配送可达全国 54 个城市，常温商品可以全国配送。顺丰优选借力顺丰快递，针对各类农副产品制定针对性的配送方案，推出过“大闸蟹专用包装”等创新递送方式，但在冷链方面，即使是顺丰，也仍然面临保温时间有限的挑战。

2012 年 7 月，本来生活网上线，以“褚橙”的“故事 + 名人”为人们所知，堪称农产品内容营销引流的典范。但此模式本质上只是借力内容和名人的强势效应，完成了一波引流，在面对供应链、消费者、基建等问题时，本来生活网并不比淘宝、顺丰有优势。

在县域电商发展方面，2012 年，在丽水市遂昌县，以赶街网为代表的遂昌模式一夜走红，成为备受关注的农村电商新模式范例。

2014 年，阿里巴巴千县万村计划启动，阿里巴巴集团正式宣布进入农村电商领域。该计划旨在三至五年内投资 100 亿元，建立 1000 个县级运营中心和 10 万个村级服务站。这意味着，阿里巴巴要在今后几年以推动农村线下服务实体的形式将其电子商务的网络覆盖到全国 1/3 的县以及 1/6 的农村地区。

2015 年，农村电商快速成为农村领域深化改革、农业现代化加速推进、农民收入水平持续稳定增长的重要载体和手段，传统电商推动工业品下行，重塑中国乡村发展。2015 年，中央一号文件明确提出：创新农产品流通方式，支持电商、物流、商贸、金融等企业参与涉农电子商务平台建设。其后，商务部等 19 个部门积极贯彻中央一号文件精神，出台了《关于加快发展农村电子商务的意见》，原农业部、国家发展和改革委员会、商务部联合印发《推进农业电子商务发展行动计划》，财政部、商务部印发《关于开展 2015 年电子商务进农村综合示范工作的通知》，并陆续推出农村青年电商培育工程、电商扶贫工程和“快递向西向下”服务拓展工程等配套政策措施，支持涉农电商发展的政策体系由此基本形成。

2015 年电商平台的代表性事件有：

① 阿里巴巴开始全面推进农村淘宝计划，在县、乡、村建设了农村淘宝运营中心和服务站。

② 京东商城提出了包括工业品进农村（Factory to Country）、农村金融（Finance to Country）和生鲜电商（Farm to table）在内的农村电商“3F 战略”。

③ 苏宁提出了旨在打造一村一款特色产品、一县一个优势产品，立足当地，建立特色化、精准化、社会化、产业化的农村电商模式。

④ 盒马鲜生、苏鲜生创立。

2017 年，以拼多多、贝店为代表的社交电商与社区电商异军突起，随着农村电商市场规模的扩大，其模式不断演化，从传统的电商向社交电商、社区电商转变，从只注重线上销售向线上线下融合转变。社交电商是在移动社交电商背景下产生出来的电商新形式，已成为农产品上行的重要推动力量，随着线上流量红利的消失、消费升级趋势的加速推进和共享经济的崛起，社交电商逐渐摸索出一条独特的农村电商之路。

2018 年，7FRESH 等诞生。2018 年上半年，盒马鲜生的门店达到 51 家，产生了较大的社会影响力。2018—2019 年，农村电商延续社交电商的发展趋势，出现了内容电商、抖音带货等新媒体模式，向技术规范化、产品多元化、团队规模化、运作资本化、政策针对性、用户社群化、渠道立体化、营销媒体化的方向发展。“直播 + 农业”的农村企业越来越多，其产业形态也丰富多样，比较常见的有家禽认养、果树认养、农田认养等。

2019 年，农业农村部、中央网络安全和信息化委员会办公室（简称“中央网信办”）下发《数字农业农村发展规划（2019—2025 年）》，对推进数字农业农村建设的整体思路、发展目标和重点任务作出明确部署，农村电子商务迎来新的发展阶段。近 30 年总体农村电商发展如图 1-1 所示。

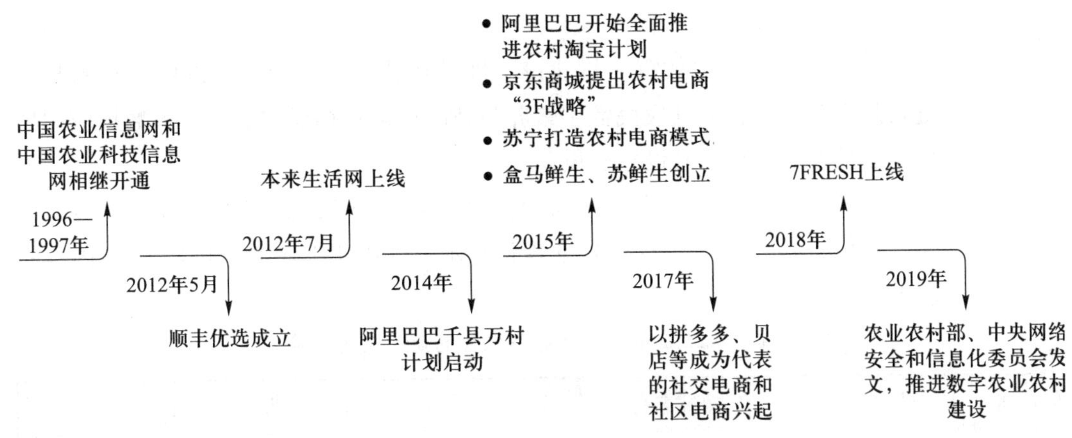

图1-1　农村电子商务发展时间轴

（2）农村电商的政策法规

任务描述

近年来，我国出台了大量涉及农村电商的政策，对促进农村电商的发展起到了决定性的作用。为了读懂农村电商政策，可以从两个方面入手：了解国家层面政策和地方层面政策。

活动 1　了解国家层面政策

为了解国家层面政策，可通过中国政府网和中华人民共和国财政部（简称“财政部”）、中华人民共和国商务部（简称“商务部”）、中华人民共和国国家发展和改革委员会（简称“国家发展改革委”）、中华人民共和国工业和信息化部（简称“工业和信息化部”）、中华人民共和国农业农村部（简称“农业农村部”）等国家政府部门的官方网站搜索并查看相关政策。其中，2022 年 2 月发布的中央一号文件（《中共中央　国务院关于做好 2022 年全面推进乡村振兴重点工作的意见》）对农村电商工作作出了总体安排，为农村电商的进一步发展指明了方向，集中体现在三个方面。

第一，持续推进农村一二三产业融合发展。鼓励各地拓展农业多种功能、挖掘乡村多元价值，重点发展农产品加工、乡村休闲旅游、农村电商等产业。

第二，加强县域商业体系建设。实施县域商业建设行动，促进农村消费扩容提质升级；加快农村物流快递网点布局，实施“快递进村”工程，鼓励发展“多站合一”的乡镇客货邮综合服务站、“一点多能”的村级寄递物流综合服务点，推进县乡村物流共同配送，促进农村客货邮融合发展；支持大型流通企业以县城和中心镇为重点下沉供应链；加快实施“互联网 +”农产品出村进城工程，推动建立长期稳定的产销对接关系；推动冷链物流服务网络向农村延伸，整县推进农产品产地仓储保鲜冷链物流设施建设，促进合作联营、成网配套；支持供销合作社开展县域流通服务网络建设提升行动，建设县域集采集配中心。

第三，大力推进数字乡村建设。推进智慧农业发展，促进信息技术与农机农艺融合应用；加强农民数字素养与技能培训；拓展农业农村大数据应用场景；加强农村信息基础设施建设。

2022 年上半年有关农村电商的重要政策还有《2022 年数字乡村发展工作要点》和《关于开展 2022 年农业现代化示范区创建工作的通知》，主要内容如表 1-1 所示。

表 1-1　2022 年上半年有关农村电商的重要政策

发布时间	发布单位	文件名称	主要内容
2022年4月	中央网信办、农业农村部、国家发展改革委、工业和信息化部、国家乡村振兴局	《2022年数字乡村发展工作要点》	工作目标：到2022年底，数字乡村建设取得新的更大进展。数字技术有力支撑农业基本盘更加稳固，脱贫攻坚成果进一步夯实。乡村数字基础设施建设持续推进，5G网络实现重点乡镇和部分重点行政村覆盖，农村地区互联网普及率超过60%。乡村数字经济加速发展，农业生产信息化水平稳步提升，农产品电商网络零售额突破4300亿元。乡村数字化治理体系不断完善，信息惠民服务持续深化，农民数字素养与技能有效提升，数字乡村试点建设初见成效。
2022年4月	农业农村部、财政部、国家发展改革委	《关于开展2022年农业现代化示范区创建工作的通知》	创建任务：2022年，分区分类创建100个左右农业现代化示范区。聚集“两个要害”，强化现代农业基础支撑。聚焦农业多种功能和乡村多元价值，做优乡村特色产业。围绕拓展农业多种功能、挖掘乡村多元价值，重点发展农产品加工、乡村休闲旅游、农村电商等产业。聚焦产业集聚发展，打造现代农业园区载体。聚焦农业生产“三品一标”，推动农业全面绿色转型。聚焦信息技术与农机农艺融合，推进智慧农业发展。

另外，商务部、财政部等部门于 2021 年 6 月发布的《关于加强县域商业体系建设促进农村消费的意见》指出，“十四五”时期，实施“县域商业建设行动”，建立完善县域统筹、以县城为中心、乡镇为重点、村为基础的农村商业体系。到 2025 年，在具备条件的地区，基本实现县县有连锁商超和物流配送中心、乡镇有商贸中心、村村通快递，年均新增农村网商（店）100 万家，培育 30 个国家级农产品产地专业市场，经营农产品的公益性市场地市级覆盖率从 40% 提高到 60%。

2023 年 1 月，《中共中央　国务院关于做好 2023 年全面推进乡村振兴重点工作的意见》强调了全面推进乡村振兴战略的要求，包括加快农业农村现代化、推进农村产业革命和产业升级、促进农村就业增加和收入提高、加强农村基础设施建设、深化农村改革等，旨在实现农村经济社会全面发展，提高农民生活水平，促进农村经济持续健康发展。

活动 2 了解地方层面政策

县域农村电商如果能够获得当地政府的政策资源和支持，发展必然能够事半功倍。开展农村电商，除了需要了解地方政府落实国家政策的方式外，还要了解地方政府是否出台了针对本地实际情况的农村电商政策。

通过访问浙江省人民政府门户网站查看农村电商政策，具体操作如下。

步骤 1 打开浙江省人民政府门户网站，在搜索框中输入“农村电商”，单击 搜索 按钮，筛选搜索结果，如图 1-2 所示。

图 1-2 搜索“农村电商”政策文件

步骤 2 在搜索结果页面中查看最新发布的文件，单击法规文件，按时间排序方式进行搜索，在打开的页面中查看文件内容，如图 1-3 所示。

图 1-3 按时间排序搜索“农村电商”政策文件

国家和地方政府对农村电商的大力支持，不仅代表当地农村电商具备良好的发展前景，还能解决农村电商发展过程中遇到的物流、产业链等企业层面无法解决的问题。了解政策方向，把握政策内容，遵循政策指引，方能跟上农村电商的发展浪潮，在经营过程中获取政策红利与政府背书，并将其转换为竞争优势。

做一做

了解本地的农村电商政策。

请同学们通过访问自己家乡的政府门户网站，了解本地农村电商政策，将相关内容填写至表1-2。

表1-2　本地农村电商政策

政策方向	主要内容
农村电商未来发展规划	
农村电商创业补助政策	
农村电商人才培训政策	

二、农产品电商概述

当谈及农产品电商的时候，我们还有一个疑问：农产品电商和农村电商的区别到底是什么呢？

农产品电商和农村电商虽然均涉及农业和电子商务，但二者有着不同的侧重点和范围。

农产品电商主要是指通过电子商务平台销售农产品，包括来自农村地区的农产品以及城市周边的农产品。它关注的是农产品的销售和流通，旨在将农产品从生产地快速送达到消费者手中，减少中间环节，提高农产品的销售效率。农产品电商通常涵盖全国范围的市场，目的是使消费者能够更便捷地购买到不同地区的农产品。

而农村电商则更侧重于推动农村地区的经济发展和农民收入的增长。农村电商不仅包括农产品电商，还涵盖农村地区其他行业和产业链的电商。它关注的是整个农村电商生态系统的建设和发展，包括建设电商服务中心、物流配送体系、培训农民电商技能等方面。农村电商的目标是推动农村经济的多元化和可持续发展，提高农村地区的整体生活水平。

综上所述，农产品电商是更加专注于农产品销售和流通的电商模式，面向全国市场；而农村电商更加专注于农村地区的电商生态系统的建设和发展，以促进农村地区的经济发展和农民收入增长为核心目标。二者相辅相成，共同推动着农村地区电商的进步和农业现代化的发展。

农产品电商的兴起为农民提供了一个前所未有的机遇，让农民能够直接将自己的农产品推向广阔的市场。无论农村地区的小农户，还是规模较大的农业企业，都能通过电子商务平台将自己的产品展示给消费者。这不仅为他们提供了一个更广阔的销售渠道，也打破了传统农产品销售的地域限制，让农产品变得更具可追溯性。

在这个快速发展的数字时代，农产品电商具有巨大的潜力。通过电商平台，消费者可以更加方便地购买到新鲜、绿色、优质的农产品，同时电商平台为农村提供了一个扩大市场规模、增加收入的机会。农产品电商的兴起不仅是技术创新的体现，更是农村地区数字化转型的重要推动力。

1. 农产品电商的概念

农产品电商是指通过互联网平台进行农产品的销售和交易的活动。它是传统农业与现代电子商务相结合的新业态，旨在通过电子商务的方式，将农产品从农田直接送达消费者手中，实现农产品的线上销售、线下配送和线上线下融合。

（1）农产品电商概念的关键要素

① 农产品。指从农田、农业生产基地或农业合作社等农业生产主体产出的农业产品，包括蔬菜、水果、粮食、畜禽产品等。

② 电子商务。指利用互联网、移动互联网和其他数字技术手段进行商品和服务买卖的商业活动。通过线上平台进行商品展示、订单管理、支付结算等。

③ 直接销售。农产品电商的特点是直接连接生产者和消费者，去除了传统农产品流通过程中的中间环节，实现了从农田到消费者的直接销售。

农产品电商的出现为农民提供了更广阔的销售渠道，使他们能够将农产品推向更大的市场，实现产品的最大化价值。同时，对消费者来说，农产品电商提供了更加便捷、安全、放心的购物方式，使他们能够直接买到新鲜、优质的农产品。

农产品电商的兴起，不仅推动了农业现代化和农村经济的发展，还有助于加强农产品的质量监控和追溯，提高消费者对于农产品的信任度。它在促进农民增收、改善农村居民生活水平、推动农业供给侧结构性改革方面发挥了重要作用。

（2）农产品电商的特点

① 直连生产者与消费者。农产品电商通过线上平台连接了农产品的生产

者和消费者，实现了直接销售和交流，去除了传统流通环节中的中间商。这有效地缩短了供应链，提高了销售效率，同时让消费者能够更直接地了解和购买农产品。

② 提供丰富选择。农产品电商平台通常提供广泛的产品选择，涵盖各类农产品，包括蔬菜、水果、粮食、畜禽产品等。消费者不仅有更多机会接触到来自不同地区的农产品，还可以根据自己的需求和喜好进行选择。

③ 保证产品的质量与安全。农产品电商注重产品的质量和安全，平台会对入驻的农产品进行审核和监管，确保产品符合相关标准和规定。消费者可以通过平台查看产品的描述、评价和认证信息，增强对产品质量的信任感。

④ 提供便捷的购物体验。通过农产品电商，消费者可以在家中或办公室轻松地浏览和购买农产品，无须到实体市场寻找。在线支付和配送服务也使购物变得更加便捷和高效。

⑤ 可追溯性与信息透明度。农产品电商平台通常提供产品的溯源信息，消费者可以了解到产品的生产过程、来源地、质量检测等信息，增强了产品的透明度和可信度。

⑥ 推动农村经济发展。农产品电商的兴起为农民提供了新的收入来源，促进了农产品的市场化，助力农村地区的经济发展。同时，农产品电商能够带动相关产业的发展，例如物流配送、包装加工等，创造更多就业机会。

综上所述，农产品电商以直连生产者和消费者、提供丰富选择、保证产品的质量与安全、提供便捷的购物体验、具有追溯性与信息透明度、推动农村经济发展等特点，为农产品销售和消费带来了革命性的变化。

乡味丨“莲花血鸭”闯江湖

在江西省萍乡市莲花县，无辣不欢的当地人将当地特产的鸭子，用独特的烹饪方式做出了一道色美味香、鲜嫩可口的民间特色菜——莲花血鸭，通过山茶油、小米辣爆香后的麻鸭，兑上精心调配的米酒和鸭血，吃一口，让人回味无穷。“路经莲花不尝鸭，简直让人笑掉牙。”一句民谚，足以证明这道菜在当地人心中的地位。

如今，当地人正紧跟市场，制定地方标准，并通过预制菜形式跑冷链、进超市、上网店，让莲花血鸭走出小县城，撬动县域经济社会转型升级。目前，全国有上百家“莲花血鸭”品牌实体餐饮店和十余家“莲花血鸭”预制菜生产企业。（如图1-4）

图1–4 "莲花血鸭"宣传页

一道菜凸显文化自信

谈起莲花血鸭，当地人一脸的骄傲自信，不仅仅是因为它的味道，还有不少关于家国情怀和乡土记忆的经典传颂，莲花血鸭滋养当地人味蕾的同时，成风化人，慰藉乡愁。

这道菜的关键技术获益于厨师工作时的一次偶然失误。莲花血鸭烹饪技艺省级非物质文化遗产代表性传承人李国华介绍，相传当年文天祥率军途经莲花，火头军错将鸭血当成辣酱倒入了锅中，众将士食后士气大振，莲花血鸭从此名扬天下，世代流传。

伴随着历史传说，经过岁月沉淀，这道菜成了一种文化符号。"逢年过节，餐桌必有莲花血鸭，代表了团聚和乡愁，它的味道深入每一位莲花人的骨髓，造就了莲花人的集体共识。"李国华说道。

"在外地的游子做过无数次的尝试，要想做出一道纯正的莲花血鸭，食材必须来自莲花县。游子出行，往往会拎走大包小包，里面就是各种本地食材。"莲花县农业农村局局长李小辉说，莲花血鸭不仅仅是一道美食，更是一种标识身份的文化象征。

流传千年的菜品背后是饮食文化、乡土文化的结合，印证着劳动人民的智慧和乡土情结。如今，随着入选非遗、进入"赣菜十大名菜"行列等一系列扬名行动，让这道菜被更多人知晓，展现出新的机遇和发展的可能性。

一道菜端上全国餐桌

2023年中央一号文件首次将预制菜写入其中，提出"培育发展预制菜产业"。以此为契机，莲花县抢抓产业"风口"，着力提升"莲花血鸭"预制菜产品的识别度，从品种培育、种养基地、专业屠宰、中央厨房、冷链配送和渠道、终端用户开拓、线上销售等各环节突破，打造一条完整的产业链。

目前，“莲花血鸭”成功纳入2022年首批全国预制菜（预制农品）登录宣展名录。

走南闯北离开家乡30年的颜彭保，仍然对儿时的味道记忆犹新。“把莲花血鸭做成预制菜，让远在他乡的乡亲们能吃到正宗的家乡味道，是我的初衷。”因为这份乡愁，他返乡创立了江西莲花血鸭食品股份有限公司。

近日，走进江西莲花血鸭食品股份有限公司，无尘车间里工作人员正在炒制莲花血鸭预制菜辅料，各类衍生产品琳琅满目，一包包经过高温杀菌之后的预制菜成品，通过流水线装箱后销往全国各地。原来要花费半小时做一盘“莲花血鸭”，如今通过预制菜该公司自动化生产线每小时能产出3000份，加热5分钟就可以在家轻松品尝正宗的莲花味道。

完备的产业链条给这道菜插上了“翅膀”。公司联结了莲花县3个合作社、500多位农户，每天要消化6000多羽莲花麻鸭。（如图1-5）在智能化、全链条的加持下，“莲花血鸭”从农村地头直接销往全国各地。

图1-5　莲花血鸭生长环境

一道菜带动县域发展

“一道菜带动一座城，为了推动莲花血鸭产业发展，县里特别制定麻鸭212小水性养殖标准化流程，并聘请专业人员设计养殖场所，为麻鸭养殖奠定良好的养殖环境基础。”莲花县农业产业发展服务中心主任金丰华介绍，莲花县计划引进屠宰量一天可到一万只的专业化屠宰场、建设1200亩食品产业加工园，为麻鸭后续的冷链物流、仓储等做专业配套。

2022年莲花县注册了属于自己的区域品牌商标：莲小花。下一步，如何做大、做强莲花血鸭产业链，是莲花人需要面对的一个新难题。

“若说莲花血鸭是莲花游子的乡愁，走品牌之路就是让乡愁不再愁。”莲花县商务局局长贺桂文说，莲花血鸭品牌要走出去，还要注重走集群化发展之路，改变过去“单打独斗”的局面，形成“攥指成拳”的品牌合力，抱团取暖，共同发力。

2021 年，莲花县成立“莲花血鸭”协会，带动龙头企业积极参加各类农产品展销会、博览会、文旅会，推广“莲花血鸭”系列产品，并力推院企合作、科研创新、鸭种选育、生产加工、冷链运输等各有关工作，带动麻鸭、辣椒、茶油等原材料成为农民增收致富的产业。

“要让‘莲花血鸭’这个灵魂产品形成公用品牌的强大引领带动效应。要通过‘莲花血鸭’这一道菜的‘小切口’，做成撬动县域经济高质量发展的‘大文章’。”莲花县委书记易刚下定决心，要以“莲花血鸭”这一“小切口”，通过“食物链”形成“产业链”、构建“经济圈”，带动农户参与，共享“莲花血鸭”品牌创建成果，真正让“莲花血鸭”成为富民产业。

（摘自：新华网，2023年9月7日）

2. 农产品电商的新发展

农产品电商自诞生以来，就一直面临农产品保鲜期短、标准化程度低、物流配送不及时等问题，这些问题一方面影响消费者的购物体验，另一方面也激励业内寻找适合的解决方案。随着各种新技术的发展，农产品电商向数字化和新零售等方面发展，不仅提高了农产品电商的运营效率，还进一步提升了消费者的购物体验。

（1）农产品电商数字化

所谓农产品电商数字化，是指综合利用大数据、互联网、云计算、区块链、人工智能等多种信息技术，使农产品的交易更加便利，成本更低，效益更高。其特点如下。

① 数字化生产。物联网、5G、人工智能等技术的应用，促使农业生产资料、生产过程实现数字化，有效促进了农产品的标准化生产，还使农产品种植、生产流通的全过程被准确记录，并纳入开放信息平台。再加上种植主体及经营主体认证机制的完善，全面实现了农产品溯源管理，使产销两端通过线上进行对接，为消费者提供优质的数字化农产品。

② 数字化物流。近年来，电商企业大力推动农产品电商数字化物流的发展。例如，阿里巴巴集团在农业“最初一公里”领域持续投入大量资金，建成了超过 1000 个菜鸟乡村物流县域共配中心。2019 年，菜鸟乡村启动了农村快递物流智慧共配项目，该项目以“快递共配 + 农货上行”为核心，向县域快

递企业提供技术、管理、商业方面的解决方案，有效提升了农村快递共配体系的工作效率，降低了相关成本，并大力探索网点商业化、农货上行的发展方向。

③ 数字化销售。在农产品电商中，商家在销售过程中可以通过积累消费者的购买及评价数据来获取真实、全面的反馈信息，并将这些信息传递给供应链各方，从而为提升农产品的品质和服务质量提供决策依据。同时，凭借高科技手段，农产品数字化已成为可能，商家可以为消费者提供更直观、可靠的农产品信息，助力农产品销售。此外，直播的兴起还给农产品电商的销售场景带来了巨大的变化，消费者通过手机便可直观地看到农产品的采摘、搬运情况，购物更放心。

（2）农产品电商新零售

2016年10月，“新零售”概念被提出。所谓新零售，是指企业依托于互联网，运用大数据、人工智能等先进技术，对产品的生产、流通与销售过程进行升级改造，进而重塑业态结构与生态圈，并对线上服务、线下体验以及现代物流进行深度融合的零售新模式。

简单来说，新零售可以总结为“线上＋线下＋物流”，其核心是以消费者为中心的会员、支付、库存、服务等方面数据的全面打通。从本质上来说，新零售是以消费者体验为中心，进行人、货、场三要素的重构。而就农产品电商新零售而言，人、货、场三要素也发生了变化。

① 人。这里的“人”是指消费者。对消费者而言，消费正在逐渐升级，对于农产品的要求也不再是价格便宜，而是好吃、健康、有品质，完成了从吃得饱到吃得好再到吃得精的转变。消费者在购物时也会关注农产品的包装、品相、营养成分、品牌文化等。

针对消费者更加追求品质、多元化的购物需求，商家要基于多平台积累的大量消费者数据，分析出每位消费者的喜好、生活方式、消费水平、购物习惯等，完整清晰地绘制出目标消费者画像，使消费者从被动的接受者转变为合作生产者，既购买农产品，又反馈信息，帮助商家更好地进行农产品的生产与销售，最终实现以销定产，最大限度地降低库存。

② 货。这里的“货”是指商家生产或销售的农产品。在传统农产品交易中，农产品处于小、散、乱的状态；而在农产品电商新零售下，随着科技的发展和消费者生活水平的提高，消费者不再满足于购买通用性农产品，而是更在意农产品的质量、包装以及背后的情感与价值理念。传统的低价值产品（标准农产品、初级农产品）升级为高价值产品（标准化、品质化的农产品）及无形的产品（个性化的服务）。同时，农产品的价值不仅包含使用价值，还包含了农产品给消费者带来的便利性、社交价值及其他情感感受等。

③ 场。这里的“场”是指销售和交易的场所或平台。传统零售模式中的场所通常是实体店铺，而在农产品电商新零售中，场所可以是在线电商平台或应用程序，通过互联网提供销售和交易的渠道。农产品电商平台充当了线上市场的角色，允许消费者在线浏览和购买农产品，并提供配送服务。通过电商平台，消费者可以在任何时间和地点方便地浏览和购买产品，从而突破了传统零售模式中需要到实体店铺购买的限制。

3. 农产品电商政策法规

随着互联网技术的快速发展，农产品电商作为一种新兴的商业模式，正在逐步改变传统农产品市场的运作方式。为了规范和促进农产品电商的健康发展，国家及地方政府出台了一系列政策法规。以下是农产品电商政策法规的主要方面。

① 鼓励农民参与电商。政府出台了一系列政策措施，鼓励农民积极参与电商活动，如提供电商培训、资金支持、税费减免等，旨在帮助农民掌握电商技能，拓宽销售渠道，提高农产品的市场竞争力。

② 加强电商平台监管。为了维护农产品电商市场的秩序，保障消费者权益，政府加强了对电商平台的监管力度。这包括对电商平台进行资质审查、规范平台经营行为、打击假冒伪劣商品等。

③ 支持农产品物流发展。农产品物流是农产品电商的重要环节，政府通过建设农产品物流基础设施、优化物流配送网络、降低物流成本等措施，支持农产品物流的发展，确保农产品能够快速、安全地送达消费者手中。

④ 推动电子支付业务。为了方便消费者购买农产品，政府积极推动电子支付业务的发展，鼓励电商平台接入多种支付方式，提高支付效率和安全性。

⑤ 建立农村电商服务体系。政府致力于建立覆盖农村的电商服务体系，包括农村电商服务站、电商培训中心、电商物流中心等，为农民提供全方位的电商服务支持。

⑥ 完善农村市场体系。为了促进农产品电商的发展，政府不断完善农村市场体系，加强农村基础设施建设，提高农村市场的信息化水平，为农产品电商提供良好的市场环境。

⑦ 保障农产品质量安全。农产品质量安全是消费者最为关心的问题之一，政府通过制定严格的质量安全标准、加强农产品质量检测、推行农产品追溯制度等措施，确保农产品电商销售的农产品质量安全可靠。

⑧ 促进农村流通现代化。政府通过推广现代信息技术、改善农村流通设施、优化农村流通网络等手段，促进农村流通的现代化，为农产品电商的发展创造有利条件。

综上所述，农产品电商政策法规涵盖了多个方面，旨在促进农产品电商的健康、有序发展，提高农产品的市场竞争力，推动农村经济的持续发展。

2016 年，农业部发布《关于加快推进农产品质量安全追溯体系建设的意见》，要求加强农产品质量安全追溯体系建设，包括完善法规政策、加强技术支持、推动信息化建设、建立健全监管机制等方面。该意见旨在加速推进农产品质量安全追溯体系的建设，通过强化各环节的管理和监督，确保农产品质量安全，提升全产业链的风险防控和追溯能力，以保障人民群众的饮食安全。

2018 年，国家发展改革委、商务部等部门发布的《中华人民共和国电子商务法》，对电子商务领域进行了全面规范，包括对农产品电商的经营主体、交易行为、信息发布等方面进行了规定。

《农产品质量安全信息化追溯管理办法（试行）》及若干配套制度全文

2021 年 7 月，农业农村部办公厅关于印发《农产品质量安全信息化追溯管理办法（试行）》及若干配套制度的通知，要求加强农产品质量安全管理，建立完善的追溯体系，确保农产品质量安全，保障人民群众的饮食安全。

2023 年 7 月，商务部等 9 部门办公厅（室）《关于印发〈县域商业三年行动计划（2023—2025 年）〉》的通知，要求完善县域商业网络设施和业态，重点包括增强县域商业辐射能力、提高乡镇商业集聚效应、提升村级商业便民服务水平等方面。该行动计划旨在促进县域商业发展，推动商业与乡村振兴深度融合，提升县域经济发展水平，改善农民生活品质。

省级、市级政府也发布了地方性农产品电商扶持政策，如各地政府出台了一系列扶持农产品电商发展的政策，包括财政补贴、税收减免、土地资源支持等。

以浙江省为例，2021 年 11 月，浙江省商务厅等 17 部门关于印发浙江省加强县域商业体系建设促进农村消费实施方案（2021—2025 年）的通知，要求率先探索建设共同富裕示范区。以渠道下沉和农产品上行为主线，推动资源要素向农村市场倾斜，完善农产品现代流通体系，畅通工业品下乡和农产品进城双向流通渠道，推动县域商业高质量发展，实现农民增收与消费提质良性循环。

这些政策法规为农产品电商提供了指导和支持，促进了农产品电商的发展，提升了农产品电商的信誉和品质，保障了农产品电商的合法权益。同时，政策法规的不断完善和落地执行推动了农产品电商行业的规范化和健康发展。

思考与练习

单项选择题

① 以下哪项是农村电商的特征？（　　）

A. 利用互联网和信息技术手段

B. 创造就业机会和创业平台

C. 群体购买效应

D. 实现农产品的全球销售

② 农村电商依托互联网和信息技术手段，实现农产品的线上销售、订单管理、（　　）等业务过程。

A. 电子商务平台

B. 电子支付系统

C. 物流配送

D. 农产品交易市场

③ 农村电商的发展对农民的收入有何影响？（　　）

A. 不会对农民的收入产生影响

B. 可能导致农民收入的下降

C. 可能促进农民增收致富

D. 只会对城市消费者的购物体验有影响

④ 农村电商可以促进农村经济发展的原因是（　　）。

A. 拓宽了农民的销售渠道

B. 解决了农产品滞销问题

C. 带动了农民增收致富

D. 打破了地理距离的限制

⑤ 以下哪项不是农产品电商的特点？（　　）

A. 提供丰富的选择

B. 直接连接生产者和消费者

C. 保证产品的质量与安全

D. 提供便捷的购物体验

⑥ 农产品电商的出现对农民有何影响？（　　）

A. 推动农村经济的发展

B. 保障产品的质量和安全

C. 提供便捷的购物体验

D. 提供更广阔的销售渠道

⑦ 农村电商的生态链不包括以下哪个环节？（　　）

A. 农产品的产地采摘

B. 在线销售

C. 物流配送

D. 城市消费者的购物体验

⑧ 农产品电商通过什么方式实现直接销售和交流？（　　）

A. 去除传统流通环节中的中间商

B. 提供广泛的产品选择

C. 提供在线支付和配送服务

D. 提供产品的溯源信息

⑨ 农产品电商的主要目的是什么？（　　）

A. 保障产品的质量和安全

B. 实现农产品的线上销售和线下配送

C. 推动农村经济的发展

D. 提供丰富的选择

⑩ 农产品电商新零售的核心是什么？（　　）

A. 提供便捷的购物体验

B. 重塑农产品的物流管理

C. 以消费者为中心的数据打通

D. 降低农产品成本和运营效率

项目一　思考与练习参考答案

项目二　农村电商运营思维

农村电商运营思维

一、互联网思维
1. 互联网思维概述
2. 互联网思维的运用方法
3. 互联网思维在农村电商中的应用
4. 互联网思维的价值

二、流量变现思维
1. 流量变现思维概述
2. 流量变现思维的运用方法
3. 流量变现思维在农村电商中的应用
4. 流量变现的可持续性策略

三、创新思维
1. 创新思维概述
2. 创新思维的运用方法
3. 创新思维在农村电商中的应用
4. 创新思维的风险管理策略

四、常规化运营
1. 常规化运营概述
2. 常规化运营内容
3. 常规化运营在农村电商中的应用
4. 常规化运营的绩效评估方法

五、品牌建设思维
1. 品牌建设思维概述
2. 品牌建设思维的运用方法
3. 品牌建设思维在农村电商中的应用
4. 品牌建设的社群营销策略

学习目标

知识目标

① 理解互联网思维的概念、运用方法及其在农村电商中的应用案例。

② 掌握流量变现思维的含义、运用策略及其在农村电商中的实施方式。

③ 了解创新思维的重要性、运用方式及其在农村电商中的创新案例。

④ 熟悉常规化运营的概念、主要内容及其在农村电商中的常规化运营策略。

⑤ 掌握品牌建设思维的核心观点、实施方法及其在农村电商中的品牌建设思路。

能力目标

① 会利用互联网运营思维推动农村电商的发展。

② 能够通过有效的方式获取并转化流量，提升电商平台的用户规模和交易量。

③ 能够不断创新电商运营模式和服务方式，满足用户需求并推动农村电商发展。

④ 能够通过常规化运营的流程和方法有效地进行电商平台的日常运营和管理。

⑤ 能够通过品牌建设和营销策略提升农村电商的品牌知名度和美誉度。

素质目标

① 通过多种思维培养，引领学生树立正确的价值观。

② 结合法律法规，培养学生的法律意识和合规经营意识，引导学生树立正确的法律观念。

③ 在品牌建设思维中，培养学生的爱国情怀，支持本土品牌的发展和保护。

④ 通过流量变现和品牌建设思维的培养，引导学生关注社会问题和参与公益事业。

⑤ 在互联网思维和创新思维中，强调绿色发展和环保意识，培养学生关注生态环境。

引导案例

“今天我们带来的是改良过的苏式牛腩月饼，牛肉原料来自新疆当地牧场，请到专门做鲜肉月饼的苏州老师傅制作，产品既保留了鲜肉月饼层层起酥的口感，又将肉品升级为鲜嫩多汁的牛腩。”2023江苏电商直播节上，某公司主播在手机屏幕前热情洋溢地推介产品。

新电商正在拓宽农村营销渠道，让农产品“种得好”也“卖得火”。不少电商平台主动到农产品源头建基地、定合约，通过产地直采等模式，借助数字化运营管理模式赋能农产品产业链。江苏某公司董事长说：“三年前我就为家乡农产品开展公益助农直播，网友的消费热情很高。如今，越来越多的品牌感知到直播的魅力，我开始帮助特色农产品实现品牌化、产业化，带动农民创业增收。”

新电商通过创新模式和业态，为农产品提供更广阔的营销渠道。如，直播电商、内容电商、社交电商、移动电商、新零售、兴趣电商、信任电商、即时零售等都是新电商的形式。在农村电商运营中，新电商通过数字化运营管理模式赋能农产品产业链，帮助特色农产品实现品牌化和产业化，带动农民创业增收。

想一想

① 在农村电商运营中，新电商在创新模式和业态上与传统电商有何不同？

② 针对农产品在线销售，数字化运营是如何影响品牌建设思维的？请举例说明数字化运营对农产品品牌建设的具体作用。

项目二　引导案例想一想参考答案

一、互联网思维

1. 互联网思维概述

（1）互联网思维的概念及其产生背景

互联网思维是由互联网技术和互联网商业模式等因素催生的一种新型思维方式和工作方式。互联网思维的核心理念是以用户为中心、开放式合作和迭代式创新。

随着互联网普及范围的不断扩大，互联网思维产生，并渐渐影响到传统企业和组织。互联网的高速发展，推动了传统行业的数字化转型和智能化发展，它在经济、社会、文化等方面都产生了深远的影响。在这种背景下，互联网思维得到了广泛的认可和应用。

互联网思维概念产生的背景主要包括以下几个方面。

① 互联网技术的发展。互联网技术的进步，推动了信息的快速传递，人们的社交方式发生了重大改变。

② 网络文化的形成。互联网文化日益兴盛，用户已经形成数字时代的思维模式。

③ 支持互联网的商业模式出现。互联网经济的发展，催生了许多支持互联网思维的商业模式，例如共享经济、平台经济等。

④ 消费者需求的改变。消费者的行为和需求已经发生了显著变化。互联网思维提倡“以用户为中心”，正是在寻找消费者和企业之间的最佳联系方式。

（2）互联网思维的特点和原则

互联网思维有助于企业和个人更好地适应快速变化的市场和技术环境，提高创新能力和竞争力，并在数字化时代实现商业成功。

互联网思维具有以下几个特点，如图 2-1 所示。

① 用户至上。互联网思维以用户为中心，关注用户需求和体验。它强调深入了解用户行为，倾听用户反馈，针对用户需求进行产品和服务创新。

② 开放性和共享性。互联网思维鼓励开放式合作和资源共享。它希望通过开放的平台和生态系统，促进企业、组织与个人之间的合作和共赢。

③ 数据驱动。互联网思维强调数据的重要性。通过收集、分析和应用大数据，企业可以更好地了解用户行为、市场趋势和竞争动态，以便做出更合理的决策。

④ 快速迭代和试错文化。互联网思维倡导快速迭代和快速试错。企业可以采用敏捷开发等方法，快速推出产品和服务，并通过用户反馈及时调整和改进，以满足不断变化的市场需求。

⑤ 平台化和生态系统思维。互联网思维推崇平台化和生态系统思维。企业可以打造开放的平台，让不同的参与者进行互动和交易，形成良好的生态系统，促进价值的创造和共享。

⑥ 创新和机会导向。互联网思维强调创新和机会敏感度。它鼓励企业和组织紧跟科技发展和市场变化，及时抓住新的机会，推动创新和变革。

图 2-1　互联网思维的特点

这些特点共同构成了互联网思维的核心，并使得企业和组织能够更加灵活、敏捷地应对快速变化的市场环境，实现持续创新和增长。

互联网思维的原则是指在互联网时代中，企业和组织应该遵循的一些基本准则和方法。

互联网思维有以下几个主要原则，如图 2-2 所示。

① 用户第一。将用户放在首位，了解并满足用户需求。通过深入研究用户行为、实时反馈和个性化定制，提供优质的产品和服务，建立并维护良好的用户关系。

② 快速迭代。采用快速迭代和敏捷开发的方法，不断推出产品和服务的改进版本。通过持续的试验和学习，及时进行调整和优化，快速适应市场变化和用户需求。

③ 数据驱动。利用数据来指导决策和运营。通过采集、分析和应用大数据，深入了解用户行为、市场趋势和竞争情报，从而精确预测和优化业务结果。

④ 开放合作。鼓励开放式合作和跨界合作。通过与其他组织、企业和个人合作，共享资源和知识，寻求创新和共赢的机会，扩大市场影响力和竞争优势。

⑤ 平台化思维。构建开放的平台和生态系统。通过建立具有吸引力的平台，吸引更多的参与者，推动合作共赢，并实现规模化增长和持续创新。

⑥ 敏捷思维。以迅速行动为目标，具备灵活性和快速适应性。遵循“尽快上线，不断优化”的原则，及时调整策略、产品和服务，提高反应速度和市场敏感度。

⑦ 创新导向。鼓励创新和变革。鼓励员工提出新思路、新理念和新创意，推动持续的创新，并为员工提供创新和试错的环境和机会。

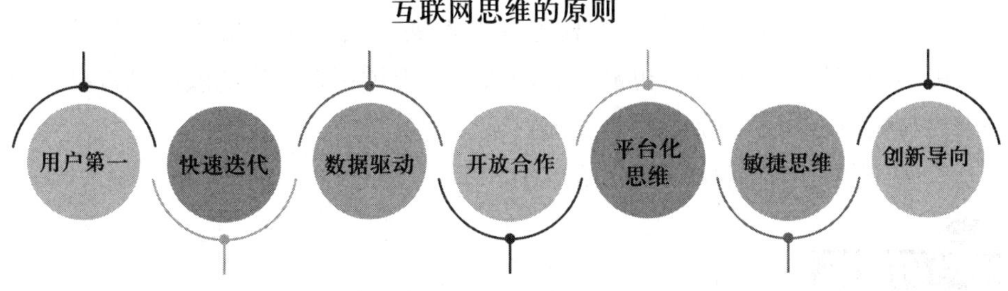

图 2-2　互联网思维的原则

这些原则帮助企业和组织在互联网时代中实现更好的发展和竞争，实现持续增长和成功。

2. 互联网思维的运用方法

运用互联网思维可以帮助农村电商平台改进运营，拓展市场，提升用户体验等，如图 2-3 所示。

① 用户洞察。通过深入了解农村用户的需求、习惯和行为，通过数据分析和用户反馈等方式，获取准确的相关信息，为产品和服务提供依据。

② 平台建设。建立农村电商平台，整合农产品的供应和销售链条，提供便捷的购物方式和物流配送，以满足农村和城市用户的需求。

③ 数据驱动。利用大数据分析和挖掘技术，深入研究用户行为、市场趋势和需求变化，做出基于数据驱动的精准决策，为平台的发展提供战略指导。

④ 农产品品牌化。运用互联网思维，帮助农产品实现品牌化，通过品牌推广、风格定位和营销策略等手段，提高消费者的认知度和购买欲望。

⑤ 地域社交化。通过社交媒体、用户反馈、线上社区等方式，构建农村电商的社交化环境，促进用户之间的互动和信息共享，增强用户黏性和参与感。

图 2-3 互联网思维的运用方法

这些方法的运用可以促进农村电商的发展，提高农产品的销售效益，改善农民的经济收入。此外，也能够为城市用户提供更多优质的农产品选择，促进农村与城市之间的经济合作与交流。

3. 互联网思维在农村电商中的应用

案例分享

齐齐哈尔市泰来县：运用“互联网+”思维 探索电商发展新路径

（1）背景介绍

泰来县以优质农产品上行为重点，整合资源，破解困境。2019年开展国家电子商务进农村综合示范升级版项目，依托生态、产业等资源优势，创新发展模式，县域电商呈现快速发展的良好势头。

（2）具体做法

一是以物流体系为核心，打造农村电商引擎。建设智慧物流分拣中心，为加快农产品上行，提升物流时效，引进京东云仓项目，于2020年9月开始运营。通过“仓、运、配”一体化合作共赢模式，为本区域中小物流企业注入新的力量。构建县、乡、村三级物流配送体系，实现商贸企业的整合，实现日常消费品的下行配送和初级农产品的收集进城，切实解决了农产品进城“最初一公里”和工业品下乡“最后一公里”问题。

二是聚焦电商发展“六大体系”，探索发展新路径。打造电商公共服务体系，解决“服务”问题。构建县、乡、村三级电商服务体系，建设县级电子商务公共服务中心，提供基础培训、创业指导、供货渠道等公共服务。打造电商全网营销体系，解决“卖”的问题。按照“营地域、销产品”的思路，突出泰来县历史、人文、生态资源、产业等方面的地域特色，建设线上线下一体化的全网营销体系。

三是打造优质电商，电子商务进农村升级。依托国家2019年电子商务进农村综合示范升级版，与浙江赶街电子商务有限公司签订合作协议，建设农村电商流通体系、公共服务体系、人才培训体系。

四是响应政策，助力消费扶贫。多年来，泰来县致力于推动农产品上行，在发展的过程中，一直将重点放在企业的运营和产品的营销上。通过打造“扶贫夜市”“乡镇农特产品馆”，开展83次专场消费扶贫活动，11场直播乐购节，累计销售产品137.3万元，巩固脱贫攻坚成果。与东北林业大学对接，开展线上、线下消费扶贫活动，举办扶贫展销会，合作打造“东北林业大学扶贫共享工厂直营店”，借力泰来扶贫车间的“十大直播网红”，加入共享工厂，为家乡产品代言。

（3）取得成效

截至2023年11月8日，实现注册网店2045家、微店3万余家、注册电商企业463家，线上交易额突破4.3亿元。物流往来更加顺畅，快递包裹收发件总量194.98万件，实现了贸易顺差。农产品下行实现了免费配送到乡村，打通了“最后一公里”；农产品上行实现了提速降价，物流成本下降了1/3。发展电商创业典型，实现带贫脱贫。

（摘自：东北网，2023年11月8日）

4. 互联网思维的价值

互联网思维的核心价值在于开放性、用户至上、快速迭代、数据驱动、创新驱动以及共享经济。这意味着企业应该倾向于开放和合作，专注于满足用户需求和提供优质体验，不断快速试错和改进，依靠数据分析做出决策，不断创新以保持竞争优势，并通过共享资源实现经济效益。这些价值共同构成了互联网思维的基石，指导着企业在数字化时代的发展和运营，如图 2-4 所示。

① 开放性。互联网思维强调开放、分享和合作。在这种思维方式下，信息和资源是开放的，人们倾向于分享知识、经验和资源，促进创新和合作。

某农村电商平台为了促进农产品销售，开放了自己的数据接口，与第三方物流公司合作，使得农产品能够更便捷地送达消费者手中，同时为物流公司提供了更多的业务机会。

② 用户至上。互联网思维注重用户体验和需求。企业应该深入了解用户的需求，不断改进产品和服务，提供优质的用户体验。

某农村电商公司通过用户调研和数据分析，发现用户在购买农产品时更加注重产品的新鲜度和质量。于是，该公司积极与农户合作，建立起直供直销的模式，保证产品的新鲜度，满足用户的需求。

③ 快速迭代。互联网思维倡导快速试错和持续改进。企业应该采用敏捷的开发方法，快速推出产品和服务，并根据用户反馈和市场变化不断进行调整和优化。

某农村电商创业公司推出了一个新的农产品交易平台，但发现用户体验不佳，交易流程复杂。该公司立即采集用户反馈，进行快速迭代，优化了交易流程和界面设计，使得用户能够更快捷地完成购买操作。

④ 数据驱动。互联网思维强调数据的重要性。通过收集、分析和利用大数据，企业可以更好地理解用户行为和市场趋势，从而做出更明智的决策和战略规划。

某农村电商企业通过对用户行为和交易数据的分析，发现某个地区的用户对某类农产品的需求较大，于是调整了该地区的供应链，增加了对该类产品的采购，提升了销售量和用户满意度。

⑤ 创新驱动。互联网思维鼓励创新和突破传统。企业应该不断寻求新的商业模式、产品和服务，以应对市场变化和满足用户需求，保持竞争优势。

某农村电商平台引入了农产品预订定制服务，让用户可以根据自己的需求预订农产品，农户根据订单种植或养殖，从而减少了库存压力，提高了资源利用率，同时满足了用户的个性化需求。

⑥ 共享经济。互联网思维推动共享经济发展。通过共享实现资源的高效利用和共赢局面，促进经济的可持续发展。

某农村电商公司建立了一个农产品共享平台，农户可以将自己的闲置土地或者农产品资源通过平台共享出去，其他有需求的农户或者合作伙伴可以通过平台进行共享利用，实现资源的最大化利用，提高了农产品的产量和利润。

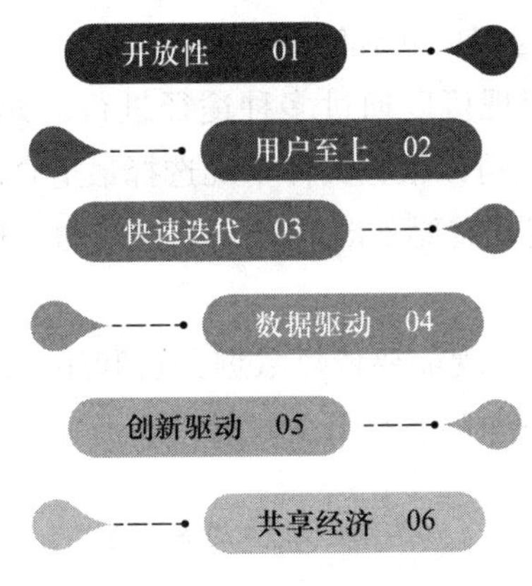

图 2-4 互联网思维的价值观

做一做

运用互联网思维解决农村电商问题。

① 分组任务，每4—5名同学为一组，选择当地农村电商企业遇到的问题，运用互联网思维进行解决方案设计和实施。

② 学员进行分组展示和讨论，分享项目经验和收获，达成能运用互联网思维进行农村电商运营分析和规划的目标。

二、流量变现思维

1. 流量变现思维概述

（1）流量变现思维的概念和重要性

流量变现思维是指在互联网领域中，将平台的用户流量转化为可持续的商业价值的资源整合和运用能力。在电商平台中，用户流量是实现经济价值的重要资源，平台的发展和盈利能力也主要依赖于流量变现。

流量变现的重要性不言而喻，成功的流量变现能够带来财务收入的增长和商业价值的提升，是实现企业可持续发展的必要手段之一。对电商平台来说，流量变现的主要目标是将用户量转化为商业利润。在一个具有足够用户流量的平台上，通过合理的变现手段，可以实现经济价值，保证企业生存和发展。

（2）流量变现思维的特点和原则

流量变现是指将网站、平台、应用或其他在线渠道的用户流量转化为收益的过程。

流量变现思维有如下几个特点，如图 2-5 所示。

① 创造价值。流量变现的核心是通过提供有价值的产品、服务或内容来

吸引和留住用户，从而为用户创造价值并获得收益。

② 多样性。流量变现可以通过多种途径进行，如广告投放、付费订阅、电商推广、内容授权等，可以根据具体情况选择最适合的变现方式。

③ 创新性。流量变现需要不断创新，寻找新的变现模式和机会，以适应市场和用户需求的变化。

④ 数据驱动。流量变现需要依靠数据分析和用户洞察，通过对用户行为和兴趣的理解来优化变现策略，提升变现效果。

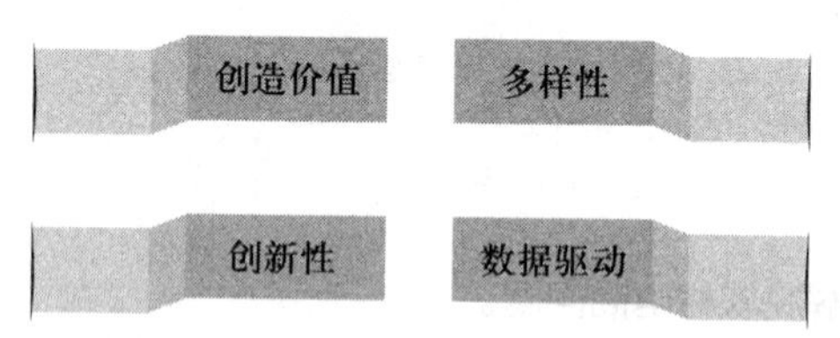

图 2-5　流量变现思维的特点

流量变现思维有以下几个原则，如图 2-6 所示。

① 用户体验至上。用户体验是流量变现成功的关键，必须确保变现活动不会对用户体验产生负面影响，注意保护用户的隐私权。

② 价值匹配。流量变现的成功需要将变现方式和用户需求相匹配，确保所提供的产品或服务与用户的需求相符，能够满足用户的期望。

③ 精准定位。了解目标用户群体的特征和行为，进行精准的市场细分和定位，将变现策略针对性地应用于特定的用户群体，提高变现效率和效果。

④ 持续优化。流量变现是一个持续优化的过程，需要不断分析和调整变现策略，利用数据追踪和用户反馈来做出优化决策，提升变现效果和效率。

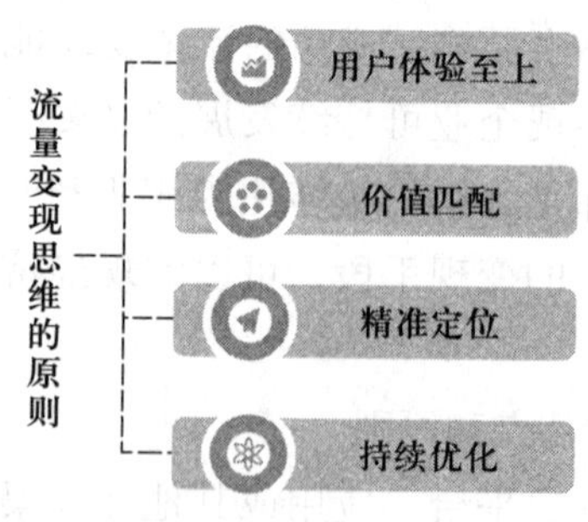

图 2-6　流量变现思维的原则

项目二 练一练参考答案

练一练

假设你是一家电商平台的运营负责人，请根据流量变现思维的概念和原则，提出两种合适的流量变现策略，并解释其与平台用户需求的匹配关系。

2. 流量变现思维的运用方法

根据不同的场景和需求，流量变现思维的运用，会有所差异，但总体来说可以按照以下步骤进行，如图 2–7 所示。

① 研究和了解用户需求。深入了解目标用户群体的特征、行为和需求，通过数据分析、市场调研等方法获取用户洞察。这能够帮助企业更好地理解用户的兴趣、喜好和购买行为，为后续的流量变现策略提供指导。

② 市场细分和定位。根据用户研究的结果，将用户群体进行市场细分和目标定位。通过精准定位，能够更好地将变现策略应用于特定的用户群体，提高变现效果和效率。

③ 选择合适的流量变现方式。根据用户需求和市场定位，选择适合的流量变现方式。常见的流量变现方式包括广告投放、付费订阅、电商推广、内容授权等。平台应根据具体情况选择最适合的方式，并结合自身特点和目标市场的需求进行决策。

④ 提供有价值的产品和服务。为了实现流量变现，必须提供对用户有价值的产品和服务。确保所提供的产品或服务与用户的需求相符，能够满足用户的期望。通过不断改进和优化，提供高质量的用户体验，增强用户黏性和满意度。

⑤ 数据驱动的优化。流量变现需要依靠数据分析和用户反馈，通过对用户行为和兴趣的理解来优化变现策略和提升变现效果。

⑥ 持续创新和迭代。流量变现是一个创新的过程，需要不断寻找新的变现机会和模式。保持与市场和用户需求同步，不断尝试新的变现策略和模式，适应变化的市场环境和用户需求。

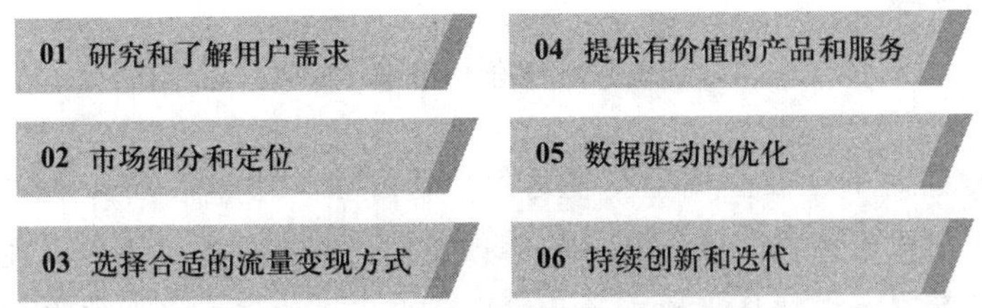

图2–7 流量变现思维的运用方法

流量变现思维的运用方法可以概括为深入了解用户需求，精准定位目标市场，选择合适的变现方式，提供有价值的产品和服务，并不断优化和创新。通过这些方法的运用，可以更好地实现流量的变现，并提升企业的商业价值和盈利能力。

3. 流量变现思维在农村电商中的应用

在农村电商中，流量变现思维可以应用于以下方面。

① 农产品推广。农村地区以农产品为主要生产和经营内容。通过流量变现思维，利用农村电商平台的用户流量，可更好地进行农产品的推广和销售；通过农产品介绍、优惠促销、定制服务等方式，吸引用户购买农产品，从而实现农产品的变现和销售收入增加。

② 农村人才服务。针对农村地区众多具备专业知识和技能的人才，围绕流量变现思维为他们提供人才服务。例如，农村电商平台可以提供平台培训、技术指导等服务，吸引农村人才加入，或为用户提供专业的农业生产、技术支持等服务。

③ 乡村旅游推广。乡村旅游是农村地区的重要产业之一。通过流量变现思维，可以利用电商平台的用户流量，进行乡村旅游项目的推广和预订服务。通过提供精准的乡村旅游信息、优惠套餐、定制服务等，吸引用户预订乡村旅游项目，实现流量变现和增加旅游收入。

④ 农村特色产品推广。农村地区拥有丰富的特色产品，如手工艺品、农副产品等。通过流量变现思维，可以将这些特色产品进行推广和销售，吸引用户购买。可以通过产品展示、故事营销、线上线下结合等方式，提升产品的知名度和销售量，实现流量变现，增加产品收入。

流量变现思维在农村电商中的应用可以通过推广农产品、提供农村人才服务、推广乡村旅游、推广农村特色产品等方式实现。通过合理运用流量变现思维，可以帮助农村电商平台实现可持续的商业价值，从而促进农村经济的发展和农民收入的增加。

小麦种植合作社推广

某农村电商平台注重流量变现思维，通过推广当地农产品来增加平台的变现收入。不同于传统的线下农产品销售模式，该平台通过运用先进的数字化技术和营销策略，成功将当地农产品推广到更广泛的消费者群体中。

（1）背景介绍

某农村地区的小麦种植合作社面临着推广和销售小麦产品的挑战。尽管农户生产的小麦质量优良且产量大，但传统的销售渠道有限，无法满足他们的需求。农村电商平台作为一种新的销售渠道和推广方式，给了他们改变的机会。

合作社认识到，农村电商平台的普及和发展为农户提供了一个与消费者直接互动的平台，通过该平台的广告宣传、社交媒体推广和在线销售功能，可以将他们的小麦产品推广给更广泛的消费者群体。

此外，合作社还意识到农村电商平台的便利性和全天候业务运作的优势。他们可以随时更新产品信息、接收订单，并与消费者直接沟通。平台为合作社提供了一个灵活、高效的销售渠道，有助于提高销售量和收入。

合作社还注意到农村电商平台的市场覆盖面广泛。这意味着农户可以将小麦产品推广到其他乡镇地区及城市，扩大客户群体。

通过利用农村电商平台，该小麦种植合作社希望提高小麦产品的品牌知名度，并进一步增加销售额，实现收入的稳定增长。该案例展示了农村电商平台在农产品推广和销售方面的潜力和机会，可以给农村地区的农产品生产者，带来更大的商机和发展空间。

（2）具体做法

① 分析用户需求。通过调研和数据分析，发现有一部分平台用户关注健康饮食、有机农产品等，对当地小麦产品有一定的兴趣。

② 建立合作关系。平台与合作社建立合作关系，平台提供展示产品的渠道和销售服务，与合作社共同推广小麦产品。

③ 农产品展示和介绍。在平台上建立专门的小麦产品展示页面，展示当地小麦的特点、种植过程、收割方式等，并配以高质量的产品图片和详细的产品描述。

④ 定制化服务。平台针对小麦产品的特点，提供定制化服务，如根据用户需求提供不同规格的小麦产品、提供包装加工服务等，以满足用户的个性化需求。

⑤ 促销活动和优惠。平台定期举办农产品促销活动，如打折、满减等，并与合作社合作提供优惠措施，吸引用户购买当地小麦产品。

⑥ 品牌建设和口碑营销。平台与合作社共同塑造品牌形象，通过提供高质量的产品和服务，打造口碑，并通过用户评价、分享等方式增加产品和合作社的曝光度。

通过以上措施，该电商平台以流量变现思维为基础，成功推广了当地小麦产品，实现了小麦种植合作社的收入增加和销售渠道的扩大，并提高了当地农产品的知名度和品牌形象。

4. 流量变现的可持续性策略

流量变现是指将网站、应用程序或其他数字平台上的访问量（流量）转化为收入的策略。为了确保这一策略的可持续性，企业可以采取以下措施，如图 2-8 所示。

① 多元化收入来源。不能过度依赖某一种变现方式，而是通过多种方式获取收入，如广告、订阅、付费内容等，以降低单一变现方式的风险。

举例来说，数字内容平台可以通过提供免费内容吸引用户；可以设置付费会员制度，提供高质量的付费内容或增值服务；可以通过接受广告投放来获取广告收入；还可以开展电商业务，推广相关产品并获取销售提成。

② 优化用户体验。提供高质量的内容和服务，吸引更多用户访问，并通过个性化推荐、精准广告等方式提升用户留存率和参与度，从而增加流量变现的潜在收入。

新闻网站可以通过个性化推荐系统，根据用户的浏览历史和兴趣推荐相关内容，提升用户体验和留存率。同时，精准的广告定位可以提高广告的点击率和转化率，从而增加收入。

③ 精细化数据分析。深入了解用户行为和偏好，通过数据分析找出潜在的变现机会和优化空间，指导决策和策略调整，提升变现效率。

社交媒体平台可以通过用户行为数据分析发现用户对某一类型的内容偏好，然后根据这些数据调整内容推荐策略，提高用户参与度和内容吸引力，从而增加广告收入。

④ 持续创新。不断推出新的变现模式和产品功能，适应市场和用户需求的变化，保持竞争力和吸引力，确保长期的流量变现能力。

以在线视频平台为例，可持续推出新的付费内容、原创剧集或独家直播活动，吸引用户付费观看，同时不断改进平台功能，提升用户体验，保持用户的黏性和活跃度，从而保持长期的收入增长。

⑤ 建立良好的合作关系。与广告商、内容提供商等合作伙伴建立稳固的合作关系，共同发展，分享收益，以确保可持续的流量变现模式。

比如，电子商务平台可以与知名品牌建立合作关系，推广产品并获取销售提成；可以与物流公司建立合作关系，提供高效的物流服务，吸引更多商家选择在平台销售商品，从而增加平台的交易量和收入。

通过以上策略的综合运用，企业可以有效提升流量变现的可持续性，实现长期稳定的收入增长。

图 2-8　流量变现的可持续性策略

三、创新思维

1. 创新思维概述

创新思维是一种超越传统思维模式的思考方式，它的核心是改变观念和思考方式。它鼓励个人和团队打破常规思维的束缚，不拘泥于既有的想法和做法，思考问题的本质和根本原因。

创新思维强调跨界融合和开放合作。它鼓励将不同领域、行业的知识、经验、思维方式和方法进行结合、借鉴和吸收，通过吸纳外部的观点和创造性的碰撞，产生更富有创造力和创新性的想法和方案。

创新思维强调试错和快速迭代。它鼓励快速尝试新的想法和方法，并从失败中学习。创新思维注重灵活性和敏捷性，允许不断调整和改进，以适应变化的环境和市场需求。

创新思维还强调用户导向和洞察力。它鼓励从用户的角度出发，深入了解用户的需求和痛点，并通过洞察用户行为和心理，提供符合用户期望的创新解决方案。

（1）创新思维的概念及其产生背景

创新思维是一种以创新为核心的思考方式，旨在超越传统思维模式，发现新的解决方案和机会。它起源于对传统思维方式的挑战和对创新力的追求。

在传统的思维模式中，人们习惯于按照既定的模式和规则进行思考和解决问题。这种模式可能受到先入为主的思维定式、历史遗留问题和组织文化的影响，限制了人们的创新能力和想象力。

然而，随着社会的不断发展和竞争的加剧，传统的思维方式使人们不再能够有效应对复杂和多变的挑战。人们开始意识到需要一种能够突破传统框架的思维方式，从而提高创造力和创新能力。

创新思维概念产生的背景包括以下几个方面。

① 技术进步。科学技术的不断进步推动了社会的快速发展和变化。新的技术手段和工具拓展了人们的思维空间，使得创新思维变得更加容易和可行。

② 消费者需求的变化。消费者需求的不断变化和多样化要求企业能够创

造更具创新性和个性化的产品和服务。传统的思维方式难以满足这种需求，因此创新思维成为企业追求竞争优势和市场份额的关键要素。

③ 全球化竞争。全球性的竞争改变了传统生产模式。在全球市场中，企业需要拥有敏捷性和创新能力，以应对快速变化的竞争环境。

④ 开放创新和合作的兴起。开放创新和合作模式的兴起为创新思维提供了更多的机会和资源。合作和共享可以加速创新的进程，使得创新思维具有更加广阔的发展空间。

总的来说，创新思维是在面对复杂和多变环境的挑战时，人们开始追求一种超越传统思维模式的思考方式。它强调突破思维定势、开放合作、快速实践和用户导向，以推动创新的发展和应对不断变化的需求。

（2）创新思维的特点

创新思维的特点包括多元化、开放性、非线性、实践导向、多元思维、探索精神和持续学习。这些特点使创新思维能够突破传统思维框架，寻找新的解决方案和机会，推动个人和组织的创新和发展。

创新思维具体有以下几个特点，如图 2-9 所示。

① 多元化。创新思维鼓励从多个角度思考和解决问题。它将不同的观点、经验、领域和背景集成，以产生更加全面和多样化的想法和解决方案。

② 开放性。创新思维强调对新观点和新想法的开放接纳。它追求打破传统思维的束缚和禁锢，积极探索和接纳新的思维方式和方法。

③ 非线性。创新思维不拘泥于线性思维模式，鼓励跳跃性思维和想象力的发挥。它通过连接看似不相关的观点和概念，寻找新的、意想不到的解决方案。

④ 实践导向。创新思维注重实践和行动。它强调通过实践来验证和改进想法，不断迭代和完善。创新思维重视从实践中学习和积累经验。

⑤ 多元思维。创新思维鼓励同时运用逻辑思维和创造性思维。它能够在理性和直觉之间找到平衡，从而产生更富有创意和创新性的思考和行动。

⑥ 探索精神。创新思维具有勇于探索、挑战和冒险的特点。它鼓励跳出舒适区，追求新领域和新机遇，以获得更大的创新突破。

⑦ 持续学习。创新思维强调持续学习和知识更新。它鼓励不断学习新的技能和知识，保持对变化的敏感性和适应能力。

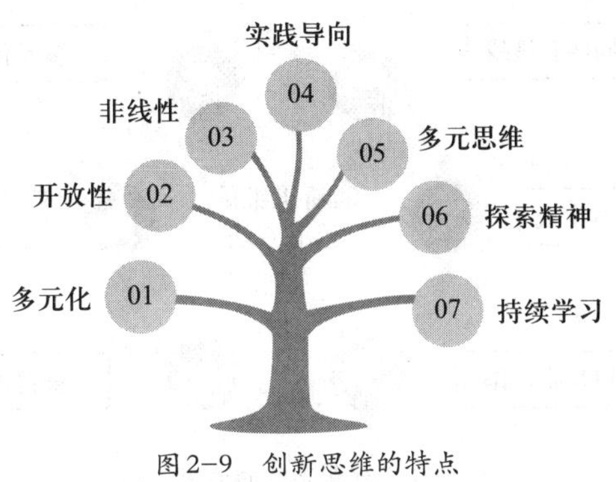

图2-9　创新思维的特点

想一想

为什么需要培养创新思维能力？

项目二　创新思维想一想参考答案

2. 创新思维的运用方法

创新思维的运用方法可以概括为提出问题和挑战、多元化思考、创造性的创意生成、实践与实验、学习和开放合作，以及自省和反思，如图 2-10 所示。通过这些方法，可以培养创新思维，从不同的角度思考问题，产生新的创意，并在实践中验证和改进。

① 提出问题和挑战。通过提出有针对性的问题和挑战，激发创新思维。这些问题可以是现实生活中遇到的难题，也可以是企业面临的挑战，关键是确保问题和挑战具有启发性和激发思考的特点，以引导思维朝着新的方向发展。

② 多元化思考。在寻找解决方案时，采用多元化思考的方式。这意味着从不同的角度和视角来思考问题，运用联想、比喻、类比等方法，以打破定式思维和寻找新的解决方案。

③ 创造性的创意生成。创造性的创意生成是培养创新思维的关键。可以使用各种创意生成工具和技巧来激发灵感，如头脑风暴、反向思考、强制联系等。重点是鼓励思维自由发散，不加限制地产生大量的创意，并在后续筛选和发展阶段进行深入研究和选择。

④ 实践与实验。将创意转化为实际行动，制定试点方案或创建原型进行验证。通过实践和反馈，不断调整和改进，从而迭代出更有效的解决方案。

⑤ 学习和开放合作。持续学习和开放合作也是创新思维的重要方法。深入了解相关领域的最新趋势和知识，与他人合作并交流创新思维的经验和方法，可以帮助拓展思维边界，获得更多的灵感和启发。

⑥ 自省和反思。在实践创新思维的过程中，定期进行自省和反思，总结经验教训。通过反思，发现问题和不足，并找到改进的方向，有助于不断提高创新思维能力，以便更加敏锐和灵活地解决问题。

图2-10　创新思维的运用方法

通过运用这些方法，可以培养和发展创新思维，为解决问题和应对挑战提供新的思路和方案。创新思维不只是技术，更是一种思维方式和能力，需要通过持续的实践和培养来不断提高。

创新思维有了一定的方法，使用时还要注意运用技巧。创新思维基础技巧能够启发和培养创新思维，帮助人们打破常规思维定式，发现新的切入点和解决方案，以及提供相应的技巧和方法来应对各种创新挑战。通过实践和不断练习，人们可以逐渐掌握这些技巧，并将其应用到实际情境中。

创新思维的基础技巧包括以下几个方面，如图 2-11 所示。

① 思维导图。思维导图是一种图形化的工具，用来展示和组织思维过程和想法。它可以帮助扩展思维关联和思维深度，以及整理和可视化复杂的思维结构。通过绘制思维导图，可以更清晰地理解问题和关系，并激发新的创意。

② 反转思维。反转思维是通过逆向思考问题，从不同的角度来寻找突破和解决方案。这种思维方式有助于打破固定思维模式，挑战常规思维，从反向思考中产生新的创意和洞察。

③ 创意性思维技巧。创意性思维技巧是指一些系统化的方法和技巧，用来激发、培养创造力和创新思维。例如联想思维，通过关联不同的概念和领域来产生新的想法；随机触发思维，通过随机选择的触发词来激发新的联想；分解思维，将问题分解为多个部分来寻找解决方案等。

④ 倒推法。倒推法是从目标或结果出发，逆向思考每个步骤和决策。这种思维方式有助于发现问题和风险，并找到解决方案的最佳路径。

⑤ 视角转换。通过换位思考，从不同的角度和立场看待问题。这可以帮助我们更好地理解他人的观点和需求，同时也可以开阔我们的思维，发现新的视角和解决方案。

⑥ 原型设计。原型设计是通过制作简化的模型、样品或示范物来快速验证和改进想法或解决方案。通过原型设计，可以更直观地了解产品、服务或解决方案的可行性和用户反馈，从而迭代和完善创意。

思维
导图
反转
思维
创意性思
维技巧
倒推法
视角
转换
原型
设计

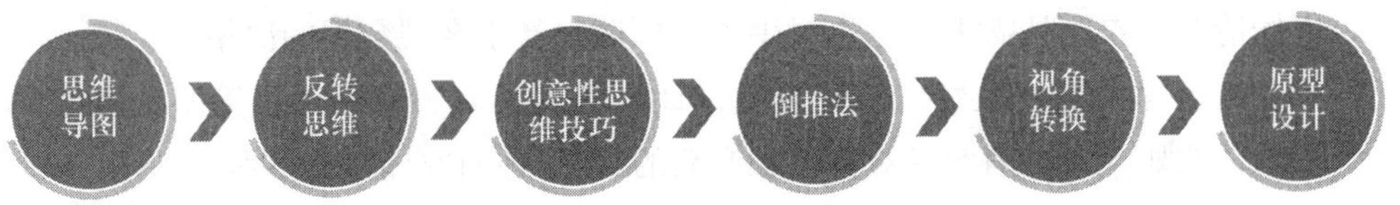

图 2-11　创新思维的基础技巧

六顶思考帽是一种思维工具，用于探索问题的不同方面。在农村电商创新思维中，可以应用六顶思考帽的方法，如图 2-12 所示。

白色思考帽。用于收集和整理关于农村电商的事实和信息，了解当前的

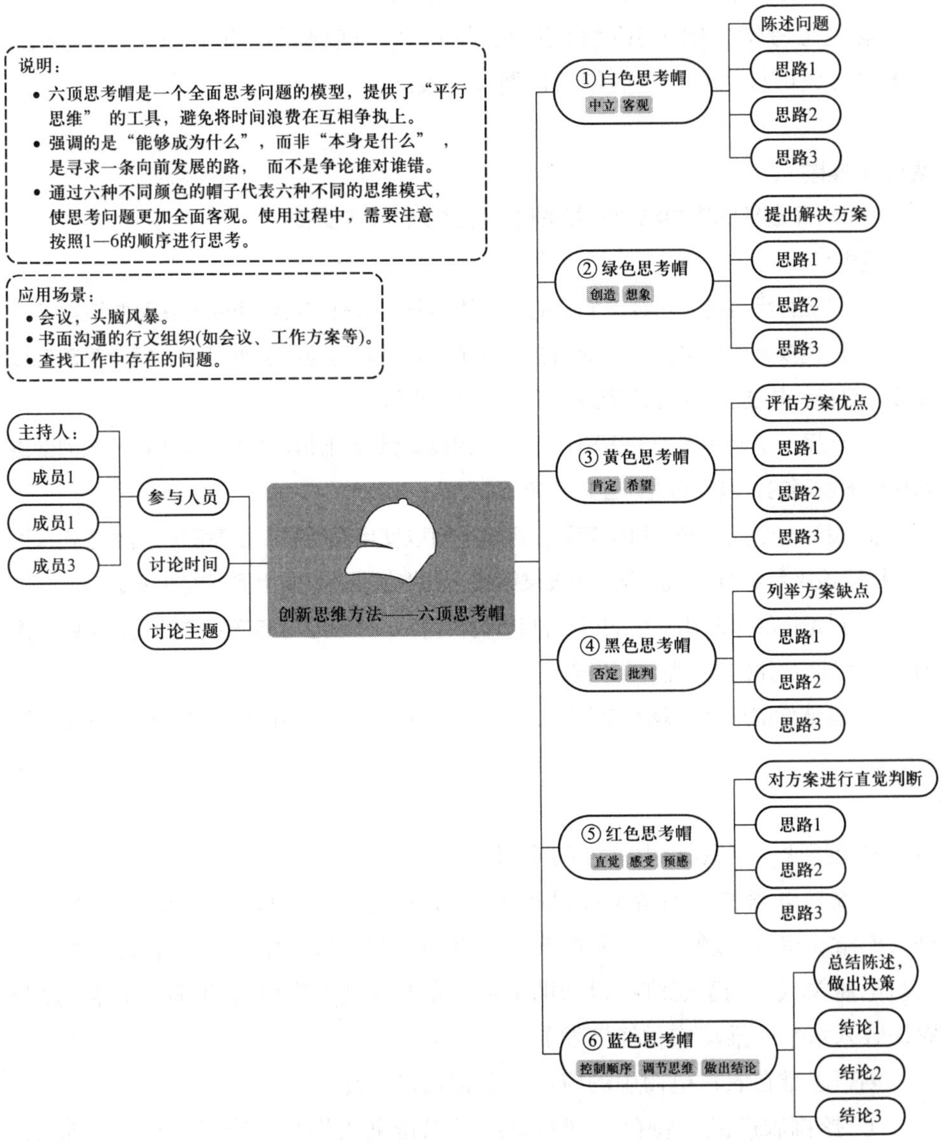
说明：
• 六顶思考帽是一个全面思考问题的模型，提供了“平行思维” 的工具，避免将时间浪费在互相争执上。
• 强调的是“能够成为什么”，而非“本身是什么”，是寻求一条向前发展的路， 而不是争论谁对谁错。
• 通过六种不同颜色的帽子代表六种不同的思维模式，使思考问题更加全面客观。使用过程中，需要注意按照1—6的顺序进行思考。
应用场景：
• 会议，头脑风暴。
• 书面沟通的行文组织(如会议、工作方案等)。
• 查找工作中存在的问题。
主持人：
成员1
成员1
成员3
参与人员
讨论时间
讨论主题
创新思维方法——六顶思考帽
①白色思考帽
中立 客观
陈述问题
思路1
思路2
思路3
②绿色思考帽
创造 想象
提出解决方案
思路1
思路2
思路3
③黄色思考帽
肯定 希望
评估方案优点
思路1
思路2
思路3
④黑色思考帽
否定 批判
列举方案缺点
思路1
思路2
思路3
⑤红色思考帽
直觉 感受 预感
对方案进行直觉判断
思路1
思路2
思路3
⑥蓝色思考帽
控制顺序 调节思维 做出结论
总结陈述，做出决策
结论1
结论2
结论3

图 2-12　创新思维方法——六顶思考帽

市场情况、农产品需求、竞争对手等，以做出基于客观数据的决策。

红色思考帽。鼓励情感和直觉，让人们表达对农产品销售策略的喜好和顾虑。例如，探讨消费者对特色农产品的情感认同和品牌忠诚度。

黑色思考帽。促使人们思考农村电商运营中可能出现的风险和问题，如市场风险、供应链问题、政策限制等，以便制定相应的风险管理措施。

黄色思考帽。鼓励积极思考，探索农村电商运营中的机会和潜力。例如，通过数字化运营提升农产品品牌形象、拓展市场份额等。

绿色思考帽。激发创新思维，鼓励提出新颖的农产品营销策略和业务模式。例如，结合农村电商和生态旅游，打造农产品 + 体验的产业链。

蓝色思考帽。用于管理和组织思维过程，确保讨论有条理、目标清晰，并最终形成可行的农村电商创新计划或决策。

实训实操题

设计一个创新的农村电商发展策略，促进乡村经济发展。

要求：

① 简要介绍当前农村经济面临的挑战和问题，以及农村电商的发展潜力和意义。

② 运用多元化思考方法，提出至少三个创新的农村电商发展策略。每个策略应该具体、可行，并能够解决农村经济发展方面的问题。

③ 选择一个最有潜力的策略，定义它的具体目标和预期成果，描述它是如何促进农村经济发展的，以及可能产生的影响。

④ 设计一个简单的农村电商平台原型，可以使用手绘图、示意图或其他方式来展示。说明该平台如何实现你选择的发展策略，并提供基本功能和用户体验描述。

⑤ 讨论你的策略和平台的可行性和可持续性，并考虑可能产生的挑战和风险。提出至少两种应对挑战和风险的策略。

⑥ 总结你的思考过程和教训，提出你在完成这个任务中学到的创新思维技巧和方法。

3. 创新思维在农村电商中的应用

在农村电商中，创新思维具有重要的应用价值。创新思维是一种能够帮助人们重新审视问题、发现新的解决方案和实现独特竞争优势的思维方式。在农村电商领域，创新思维可以帮助平台和企业找到切实可行的解决方案，提升农民收入水平，推动农村经济发展。

创新思维在农村电商中的应用主要包括以下几个方面：

① 挖掘农产品的特色。创新思维可以帮助人们从农产品的生产、加工、包装、营销等方面寻找特色和差异点，以提高农产品的竞争力和附加值。通过

了解消费者需求，结合市场趋势，提出独特的产品设计和营销策略，满足不同群体的需求。

② 构建农产品的线上销售渠道。创新思维可以帮助人们寻找新的销售渠道，将农产品引入线上平台，拓展销售范围。例如，开发农村电商平台，让农民可以直接通过平台销售产品，与城市消费者进行交流和互动。同时，可以探索其他渠道，如社交媒体、直播等，以增加产品的知名度和销售额。

③ 优化物流和配送系统。创新思维可以帮助改进农村电商的物流和配送系统，提升运营效率和用户体验。例如，可以通过与物流公司合作，建立快速、高效的物流网络，确保产品的及时配送。同时，可以利用物联网技术，实现智能化的配送管理，提高配送准确度和效率。

案例分享

某地农村电商公司利用创新思维，推出了一个名为“农享e站”的农产品线上销售平台。该平台通过与农民合作，挖掘并展示当地特色的农产品，如优质农产品、地方特色小吃等。

平台通过开展市场调研和消费者需求分析，进行产品差异化和特色化设计。例如，平台发现消费者对于有机农产品的需求日益增长，于是与农民合作，推动有机农产品的生产和销售。

平台注重打造良好的用户体验。通过与物流企业合作，建立高效的配送系统，确保用户能够快速收到所购买的农产品。同时，平台利用社交媒体渠道，进行线上宣传和推广，增加平台的知名度和用户数。

平台还引入了线下体验中心，让消费者可以亲自参观农场、体验采摘过程，增强用户体验。

平台还引入了一对一定制服务，根据用户的喜好和需求，为他们提供个性化的推荐和定制化的购物体验。用户可以通过平台与农产品生产者直接交流，并根据自己的喜好选择产品的品种和包装。

创新思维在这个例子中的应用体现在多个方面：

① 挖掘特色和差异化。平台通过与农民合作，挖掘特色的农产品，如有机农产品，改变传统农业经营模式，提高产品附加值。

② 构建线上销售渠道。通过农村电商平台，将农产品引入线上市场，并通过物流合作，提供快速配送服务，打破地域限制，扩大销售范围。

③ 优化物流和配送系统。与物流企业合作，建立高效的物流系统，确保产品能够及时准确地送达消费者手中，提升用户体验。

④ 提供个性化服务。通过一对一定制服务，为消费者提供个性化的推荐和定制化的购物体验，增强用户的参与感和购买欲望。

通过以上创新思维的运用，农村电商平台农享 e 站成功地提升了当地农产品的知名度和销售量，促进了农村经济的发展，同时增加了农民的收入。该案例充分展示了创新思维在农村电商中的应用，通过挖掘特色、优化物流和配送，以及提供良好的用户体验等方面的创新，实现了农产品的线上销售、消费者参与感的增强和农村经济的促进。这也提醒我们，在农村电商发展中，通过创新思维来寻找独特竞争优势，提升产品附加值和用户体验，才能实现可持续发展。

4. 创新思维的风险管理策略

在农村电商运营中，创新思维的风险管理策略是指采用创新的理念和方法来管理可能出现的各种风险，包括市场风险、技术风险、合规风险等。风险管理策略包括市场调研与规划、小规模试点和快速迭代、建立灵活的合作模式、技术安全与数据隐私保护以及政策合规和法律风险防范等方面的措施，旨在降低创新过程中的不确定性和失败成本，确保农村电商业务的持续健康发展。

具体可以采取以下措施：

① 市场调研与前瞻性规划。在推出新的农村电商服务或产品之前，进行充分的市场调研，了解消费者的需求和偏好。同时，进行前瞻性规划，评估市场潜力和竞争环境，降低市场推广和运营的风险。

例如，农村电商平台在推出新产品之前进行市场调研，发现当地农产品的供应充足但销路不畅。基于此情况，平台制定前瞻性规划，推出线上农产品销售平台，满足当地农民的销售需求，同时提高产品的曝光度，降低市场风险。

② 小规模试点和快速迭代。在全面推广之前，可以选择在小范围内进行试点，收集用户反馈和数据，评估业务模式的可行性和效果，并在试点过程中，及时根据用户反馈进行调整和优化，实现快速迭代，减少试错成本。

举例来说，农村电商平台在试点阶段可以选择在一两个乡镇或村庄进行试点推广，收集用户反馈和数据。如果发现某一产品或服务不受欢迎，可以及时调整，如改进产品设计、优化服务流程等，以减少扩大推广时的风险。

③ 建立灵活的合作模式。与农村地区的当地企业、合作社等建立灵活的合作模式，共同承担风险和收益，降低单方面承担风险的压力。

比如，农村电商平台与当地农民合作建立农产品供应链。平台提供销售渠道和技术支持，农民提供优质农产品。双方共同分担运营风险和收益，提高了农产品销售的效率和可持续性。

④ 技术安全与数据隐私保护。在开发和运营过程中，要注重技术安全和用户数据隐私保护，建立健全的信息安全管理制度和技术防护体系，降低数据泄露和信息安全风险。

在农村电商平台运营过程中，采取技术措施确保交易安全和用户数据隐私。例如，加密用户信息、建立安全支付通道、定期更新系统安全补丁等，有效降低了技术风险。

⑤ 政策合规和法律风险防范。关注政策法规的变化，确保农村电商业务合规运营。同时，建立法律顾问团队，及时了解和应对法律风险，避免产生违法违规行为。

例如，农村电商平台建立法律顾问团队，定期审核业务合规性，确保在营销、交易、客户服务等方面符合国家和当地的法律法规。

综合运用以上策略，可以有效管理农村电商创新过程中的各种风险，保障业务的持续健康发展。

四、常规化运营

1. 常规化运营概述

农村电商常规化运营是指在农村电商平台上进行日常经营和管理的一系列活动，包括建立供应链管理系统，优化物流和仓储管理，严格控制产品质量和安全，制定营销推广策略，注重用户体验和客户服务。通过这些措施，农村电商能够有效提升销售效率，降低运营成本，同时促进农民收入的增加和农村经济的发展。

2. 常规化运营内容

农村电商常规化运营的内容包括但不限于以下几个方面：

① 定位和战略。包括对农村电商目标、优势、市场和用户、竞争格局等的明确规划，理性分析定位和战略利弊关系。

② 规划和运作。包括建设和运营标准化平台的组织架构、业务模式、管理流程、信息和数据管理等。

③ 产品和服务。关注与用户需求和偏好的相符程度，对活跃度高、用户价值高的产品和服务做适当的推广。

④ 用户体验与服务。从订购产品到售后反馈，关注用户的购物体验、物流服务、售后服务等方面，以便提高用户的满意度和忠诚度。

⑤ 营销和宣传。包括广告投放、推广营销、社交渠道、线上线下活动等多样化的路径，以促进流量和盈利的提升。

⑥ 数据和信息分析。关注和收集用户行为、流量、销售、产品、竞争信

息等数据，以便为平台治理和战略改进提供数据支持。

农村电商的常规化运营旨在使各方面运作无缝衔接，实现高效运营，优化用户体验，实现平台的综合效益，加大多方位的竞争优势。农村电商常规化运营会在本书后面章节进行详细介绍。

3. 常规化运营在农村电商中的应用

在农村电商发展中读懂中国乡村

田间地头的水果鲜蔬，隔天就会出现在你的餐桌上；以出产地为关键词搜索农产品已成为不少人的网购偏好甚至习惯。乡村集市不再是当地人消费的“主战场”，“快递进村”承包了村民一多半日常消费需求。农民这个职业不再必然是“土里刨食”，“触网生金”成潮流，更多农民出现在直播镜头前“卖力”带货……

近年来，农村电商迅速崛起、方兴未艾，成为中国经济发展中的一抹亮色。不过几年光景，在今天的农村，直播电商都已不是什么新鲜事。据统计，2014至2022年，农村网络零售额从1800亿元增长到2.17万亿元，扩大了11倍。2022年，全国农产品网络零售额达5313.8亿元，同比增长9.2%，比2014年增长了4倍多。可以说，在“电商江湖”里，农产品和同时作为供给者和消费者的农民，显现度都大大提高了。

农村电商的亮眼表现，离不开政策的有力支持。2022年的中央一号文件明确提出实施“数商兴农”工程，即发展数字商务振兴农业，推进电子商务进乡村，推动提升农村电子商务基础设施网络化、智能化水平。2023年中央一号文件进一步提出，深入实施“数商兴农”和“互联网+”农产品出村进城工程。就在日前，商务部相关负责人在关于县域商业发展的新闻发布会上表示，将围绕全面推进乡村振兴，把农村电商作为县域商业的重要组成部分一体推动，促进农村电商高质量发展；并明确了赋能主体、培育品牌、畅通物流、优化服务、推动转型等几方面的具体行动“路线图”。

从无到有，从弱到强，从单打独斗到规模发展，快速发展的农村电商深度植入农村居民“生活圈”。打开手机，点点屏幕，几日必达。农村物流等电商基础设施的不断完善，打破了农村居民消费的时空限制，刺激了农村居民的消费增长，推动了农村消费的扩容与升级。便捷购买物美价廉的物品成为可能，人们在物质和精神方面的需求也得到了更好的满足。

从网店卖货到直播带货，从野蛮生长到品牌运营，不断迭代升级的农村电商持续融入产业发展“生态圈”。农村电商，不仅是把待售的农产品搬到网上那么简单，以更低成本更高效率实现供需匹配，背后需要一系列环节和力量的支撑。比如，农产品物流配送、分拣加工，生产种植环节的优化、重塑，在更多看不见的地方，信息、人力、资金等资源都在以不同的方式进行着流通和调配。

电商新业态的发展以及平台力量的赋能，让传统农业焕发新的活力，有效带动当地村民收入增长，有力引领当地乡村发展。基于当地特色优势产业，融合发展的消费新场景和新需求也不断涌现，为乡村发展带来更多可能性。像山东曹县这样的发展故事，正在很多地方上演。

农村电商是一种经济现象，同样具有文化意味。不夸张地说，正是在日用而不觉的电商购物、直播带货中，不少农村居民完成了关于互联网经济、媒介素养的启蒙。他们在此过程中掌握的技能与知识，让他们得以在新的数字场域中更自如“行走”。在接入性数字鸿沟逐步弥合之后，农村电商发展代表的数字下沉，将让他们以及他们所置身的乡村获得新的甚至是弯道超车的机会。

农村电商深刻地改变了中国的乡村面貌、农业发展方式以及农民这个职业本身，进而对整个中国的经济社会发展产生了显著而深远的影响。推动农村电商高质量发展，具有光明的前景和广阔的空间，相信每个人都能在这个发展的大潮中找到自己的位置和该有的“行进”方式。

（摘自：《光明日报》，2023年8月21日03版）

4. 常规化运营的绩效评估方法

常规化运营的绩效评估方法是指通过分析销售数据、监测用户活跃度和留存率、进行客户满意度调查、分析运营成本与效益、进行市场份额和竞争分析等手段，对农村电商平台的运营状况进行全面评估。这些方法帮助平台了解自身的销售情况、用户吸引力、客户满意度、盈利能力以及市场地位，为未来发展提供有效参考依据。

在农村电商中，常规化运营的绩效评估方法可以包括以下几个方面，如图 2-13 所示。

① 销售数据分析。通过分析销售数据，包括销售额、销售量、销售渠道等指标，评估农村电商平台的销售情况和趋势。可以通过比较不同时间段的销售数据，或者不同产品或服务的销售表现，来评估平台的销售绩效。

比如，对比去年同期的销售额和销售量，看是否有增长或下降趋势；针对不同的产品或服务进行销售数据分析，找出畅销产品和低销产品。

② 用户活跃度和留存率。通过监测用户的活跃度，例如网站访问量、手机应用软件（APP）使用频率、留存率等，评估平台的用户吸引力和留存能力。高活跃度和留存率通常意味着用户对平台的认可度和满意度较高。

例如，统计网站访问量和APP活跃用户数，比较不同时间段的数据变化；通过用户留存率分析，了解用户是否长期保持使用平台。

③ 客户满意度调查。定期进行客户满意度调查，收集用户对平台产品、服务、用户体验等方面的反馈意见，了解用户需求和期望，评估平台的客户服务水平和用户满意度。

举例来说，定期发送满意度调查问卷给用户，收集用户反馈意见，如用户对平台的满意度、产品质量、客户服务等方面的评价。

④ 运营成本与效益分析。分析平台的运营成本，包括人力成本、营销成本、技术维护成本等，与业务收入进行对比，评估平台的盈利能力和成本效益情况。

比如，分析上季度的运营成本和盈利情况，评估平台的成本控制和盈利能力；根据不同渠道的营销成本和带来的业务收入，分析各项成本的投入产出比。

⑤ 市场份额和竞争分析。评估农村电商平台在所处市场的份额，以及与竞争对手的比较情况。可以通过市场调研和竞争分析，了解平台在市场上的地位和竞争优势。

举例来说，通过调查本地农村电商市场的份额情况，了解自家平台在该市场的地位；同时，对比竞争对手的产品、价格、服务等，分析自家平台的竞争优势和劣势。

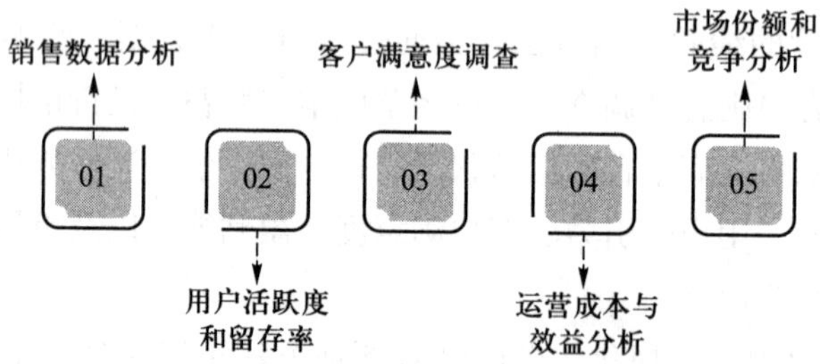

图2-13 常规化运营的绩效评估方法

通过综合分析以上指标，可以全面评估农村电商平台的运营状况和绩效表现，为制定未来发展战略提供参考依据。

五、品牌建设思维

1. 品牌建设思维概述

农村电商品牌建设需要注重定位与差异化、产品与服务、品牌故事与价值、市场推广策略和用户体验与口碑营销等方面。通过明确目标消费群体、提供优质产品和差异化服务、讲述品牌故事和传递价值、制定有效的市场推广策略，以及提供优质用户体验和进行口碑营销，农村电商品牌能够建立独特的品牌形象，提高市场竞争力，促进农村经济的发展。

（1）品牌建设思维的概念及其产生背景

品牌建设思维是一种以品牌为核心，从战略到执行的思考方式和方法。它强调从消费者角度出发，通过深入洞察市场需求和竞争环境，构建独特的品牌定位和个性，通过有效的品牌传播和营销策略来塑造品牌形象和价值。品牌建设思维包含品牌定位、品牌策略、品牌故事、市场推广、用户体验等方面的思考和决策，并且着重关注长期的品牌价值和市场竞争力的提升。通过品牌建设思维，可以帮助企业建立强大的品牌认知、忠诚度和影响力，从而实现商业成功。

品牌建设思维概念产生的背景是多重因素的共同作用。首先，随着市场竞争的加剧和消费者需求的变化，企业意识到品牌在市场中的重要性和价值。消费者越来越重视品牌的信任度、认知度和情感共鸣，对于产品和服务的选择更加注重品牌背后的价值和故事。

其次，数字化技术和社交媒体的普及使得品牌传播更加广泛和便捷。消费者与品牌之间的互动和交流日益频繁，传统的广告和宣传手段已经不能满足市场的需求。因此，企业需要采取更加创新和战略性的方法来与消费者建立联系，塑造品牌形象和价值。

最后，全球化的经济发展使得市场竞争范围更广，品牌在国际舞台上的竞争愈发激烈。为了在国内外市场中占据优势，企业需要有清晰的品牌定位和全球化的品牌策略，以及适应不同文化和市场环境的品牌建设思维。

（2）品牌建设思维的特点和原则

品牌建设思维的特点可以概括为消费者导向、长期导向、故事性、一体化思维和创新性。通过这些特点，企业可以从消费者角度出发，建立长期的品牌战略。通过讲述独特的品牌故事可以吸引消费者，通过综合考虑各个方面的一体化思维和创新能力可以塑造强大的品牌形象和竞争优势，如图 2-14 所示。

① 消费者导向。品牌建设思维注重从消费者的角度出发，通过了解他们的需求、喜好和价值观，以满足他们的期望并建立情感共鸣。消费者的需求和

体验是品牌建设的核心。

② 长期导向。品牌建设思维强调品牌的长期发展和价值积累，而非仅关注短期销售结果。它注重长远的品牌战略和可持续的竞争优势，通过持续的创新和品牌管理来实现长期的商业成功。

③ 故事性。品牌建设思维强调品牌故事和情感传递。通过讲述独特的品牌故事，塑造品牌的个性、价值和声音，以吸引消费者的关注并建立情感联系。

④ 一体化思维。品牌建设思维涉及多个维度，包括品牌定位、品牌价值、品牌识别、市场推广等，要求综合考虑各个方面，确保品牌推广的一致性和有效性。

⑤ 创新性。品牌建设思维要求企业具备创新的思维和能力，能够创造独特的品牌价值和竞争优势，与时俱进地适应市场的变化和消费者的需求。

图 2-14　品牌建设思维的特点

农村电商运营中品牌建设思维原则包括以下几个方面，如图 2-15 所示。

① 本土化。深入了解农村目标用户的文化、生活习惯和消费行为，根据其需求进行定制化的品牌建设，使品牌更贴近用户，获得用户的信任和认同。

② 创新性。在品牌建设过程中注重创新，不断尝试新的营销策略和传播方式，通过独特的品牌故事、产品设计或服务理念等，突出差异化优势，赢得用户的关注和喜爱。

③ 社区互动。积极与用户进行互动，建立稳固的社区关系，通过各种线上线下活动、社交媒体互动等方式促进品牌与用户之间的沟通和交流，增强用户的参与感和归属感。

④ 持续性。品牌建设是一个持续性的过程，需要长期坚持和不断改进。持续提供优质的产品和服务，保持品牌形象的稳定性和一致性，以此培养用户的忠诚度和品牌认知度。

⑤ 社会责任。关注农村地区的社会责任，积极参与农村发展和扶贫事业，通过品牌建设传递正能量，赢得用户的尊重和信赖，形成良好的品牌形象。

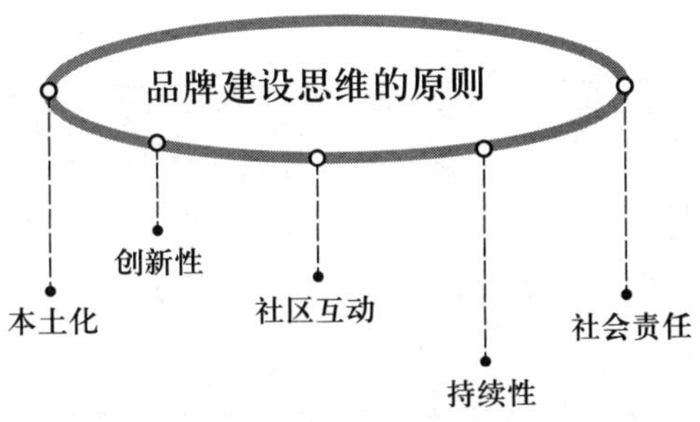

图2-15　品牌建设思维的原则

综上所述，农村电商中品牌建设思维的原则应该是本土化、创新性、社区互动、持续性和社会责任，通过这些原则来指导品牌建设的实践，提升品牌的竞争力和影响力。

2. 品牌建设思维的运用方法

品牌建设思维的运用方法包括研究市场和消费者、定义品牌定位和目标、塑造品牌故事和身份、综合营销策略、品牌管理和监测，以及发挥创新和适应能力。这些方法帮助企业在品牌建设过程中制定有效策略和行动，并持续优化和发展品牌，以赢得市场竞争和消费者的认可。

① 研究市场和消费者。深入了解目标市场和消费者的需求、偏好。通过市场调研、消费者洞察和数据分析等方法，获取对目标受众的准确理解。

② 定义品牌定位和目标。明确品牌的定位和目标，确定品牌所要传达的核心价值和差异化特点。品牌定位应与目标市场和消费者的需求吻合，并凸显品牌的独特性。

③ 塑造品牌故事和身份。通过讲述独特的品牌故事和传达品牌的核心价值观，建立消费者对品牌的情感共鸣和认同感。同时，打造品牌的视觉和声音识别系统，确保品牌形象的一致性和可辨识性。

④ 综合营销策略。利用多种营销渠道和传播工具，将品牌故事和信息传播给目标受众。例如，通过广告、社交媒体、公关活动等形式进行品牌推广，并与消费者进行互动和沟通。

⑤ 品牌管理和监测。通过持续的品牌管理和监测，确保品牌形象与价值的一致性和持续性。同时，根据市场变化和消费者反馈，及时调整和优化品牌策略和活动。

⑥ 发挥创新和适应能力。不断适应市场的变化和消费者的需求，保持敏锐的市场洞察力，及时调整品牌策略、创新产品和服务，以保持竞争优势和品牌的活力。

3. 品牌建设思维在农村电商中的应用

案例分享

某公司开展农村电商业务，通过品牌建设思维打造独特的品牌形象。该公司注重高品质的农产品和与农民的合作关系，希望在农村市场建立信誉良好的品牌。

为了实现这一目标，该公司进行了市场调研，了解农村消费者对农产品的需求和偏好。他们发现，农村消费者对农产品的品质和原产地有较高要求。

基于这些调研结果，该公司确定了品牌定位和目标。并将品牌定位为"农民之选"，强调提供高品质和原产地保证的农产品。

为了塑造品牌故事和身份，该公司强调与优质农民的长期合作关系。通过直接从农民那里购买农产品，不仅能帮助农民增加收入，还能保证产品的新鲜和质量。

为了推广品牌，公司采用综合营销策略。公司在当地农民市场和村庄开设实体店铺，提供面对面的销售和咨询服务。同时，在农村电商平台和社交媒体上进行广告宣传和品牌推广活动，增加品牌曝光度。

为了保证品牌一致性和品质，公司建立了严格的质量管理和监测体系。公司与消费者进行交流和调查，收集反馈意见，并根据市场需求和消费者反馈进行产品和服务的改进和调整。

通过这些努力，该公司成功在农村电商市场中建立了一个备受农村消费者认可的品牌。该公司以高品质产品、原产地保证和与农民的合作关系吸引了消费者的关注和信任，并取得了可观的市场份额。

4. 品牌建设的社群营销策略

农村电商运营中品牌建设的社群营销策略包括在适合目标受众的社交平台上建立品牌社群，通过内容创作与分享吸引用户互动，积极参与用户互动与关系维护，结合线上线下活动促进品牌认知和用户体验，并设计各种激励机制与活动提升用户参与度和忠诚度。这些策略通过微信公众号、微博话题、抖音短视频、线下农场活动等具体举措，有效地建设品牌形象，提升品牌知名度、用户参与度和忠诚度，推动农村电商业务发展。

具体营销策略可以包括以下几个方面。

① 社群平台选择。选择适合目标受众的社交平台，如微信、微博、抖音等，建立品牌社群。

② 内容创作与分享。通过生动有趣的内容创作，如农产品知识分享、农村生活趣事等，吸引用户参与互动和分享，增强品牌曝光度和影响力。

③ 用户互动与关系维护。积极参与用户互动，回复评论、解答问题，建立起与用户的良好互动关系，提升用户黏性和忠诚度。

④ 线上线下结合。结合线上社群活动和线下实体店活动，促进线上线下融合，增强品牌认知度和用户体验。

⑤ 激励机制与活动策划。设计各种优惠、抽奖、活动等激励机制，吸引用户参与，提升用户参与度和用户黏性。

通过以上社群营销策略，农村电商可以有效地进行品牌建设，提升品牌知名度、用户参与度和忠诚度，推动业务发展。

本章实训

项目二　实训提示

互联网思维在农村电商中的应用。

实训要求：

① 结合所学知识，选择一个你感兴趣的农村电商项目进行深入了解，收集相关资料和数据。

② 分析该项目的互联网思维运用现状，指出其优点和不足之处。

③ 基于互联网思维，为该项目提出至少三个改进建议，并解释其可能带来的效益。

④ 将改进建议整理成一份报告，包括项目概述、互联网思维应用现状、改进措施及预期效益等内容。

⑤ 提交实训报告，可进行简要汇报和讨论。

项目三　农村电商平台运营

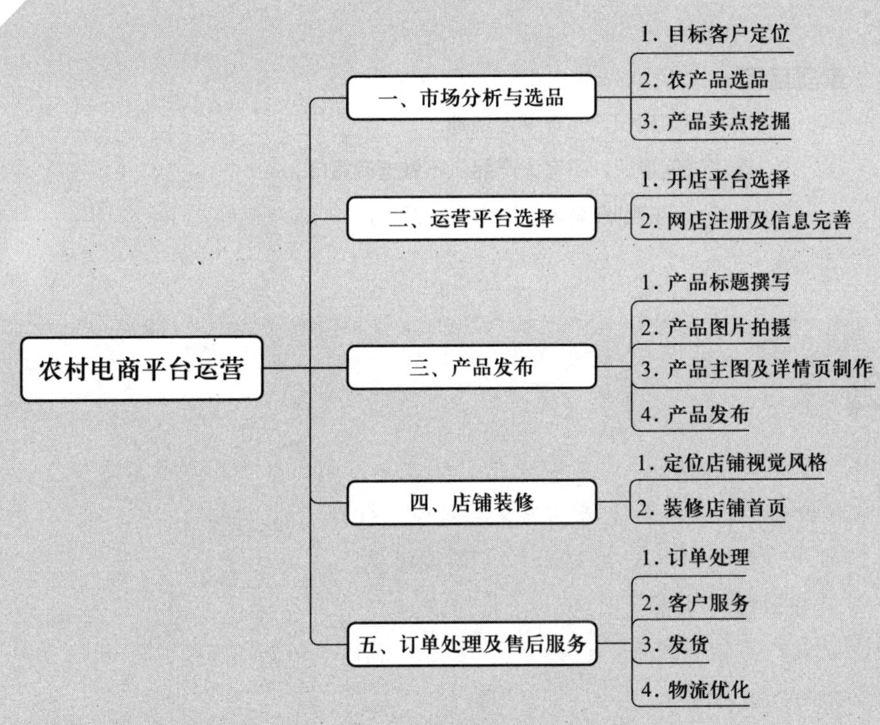

学 习 目 标

知识目标

① 了解农产品市场特征。

② 熟悉农村电商目标客户。

③ 了解各类农产品的电商网站。

④ 掌握农村电商平台订单处理流程及售后服务的工作内容。

能力目标

① 能在农村电商平台进行账号申请和操作。

② 能够完成农产品选品和卖点挖掘。

③ 能够在电商平台完成农产品发布。

④ 能够在电商平台进行后台订单处理。

素质目标

① 增强规则意识，遵守平台规则。

② 增强诚信意识，不夸大产品，不做虚假宣传。

③ 具备一定的创业意识，助力乡村振兴。

引导案例

正逢乡村振兴战略加速农业现代化、数字化，电商巨头纷纷介入农产品供应链改造，让农产品上行成为互联网企业服务乡村的抓手之一。

农产品是万亿生鲜市场的核心，市场规模庞大，但在生产、物流、销售各环节都面临不少痛点、难点，推动农业产业升级改造并不容易。这方面，以农产品销售起家、国内最大的农产品上行平台拼多多，进行了不少有益的探索。

近年来，拼多多深入农业产业链，通过“农地云拼+产地直发”的运营模式，以用户拼购和产地直发实现产销对接，将农产品生产端的“第一公里”与消费端的“最后一公里”打通，从而让农产品突破了地域流通限制，促进了中小农户与大市场的连接，帮助不少农户解决了农产品销不出的难题。

想一想

拼多多是如何进行农产品电商运营的?

一、市场分析与选品

1. 目标客户定位

寻找客户，就是根据农产品自身特性，在调查分析同类产品市场需求的基础上，筛选和锁定产品销售的目标客户群体，搞准“卖给谁”的问题。

笼统地讲，目标客户可以分为五大类：一是消费者市场，主要由为了个人消费而购买的个人和家庭构成；二是生产者市场，主要由为了加工生产来获取利润而购买的个人和企业构成；三是中间商市场，主要由为了转卖来获取利润而购买的批发商和零售商构成；四是政府市场，主要由为了履行政府职责而进行购买的各级政府机构构成；五是国际市场，主要由国外购买者或跨国企业在国内的机构构成。定位目标客户必须根据以往营销情况和有关资料，首先对居民收入水平、年龄分布、地域分布、购买类似产品经历等进行分析推算，筛选掉因经济能力、地域限制、消费习惯等原因不可能为企业创造销售收入的消费者，对于可能形成购买力的现实消费群体和潜在消费群体，再根据年龄层次、购买能力、价格敏感度、生活方式、消费习惯等标准进行细化研究，从而初步判别目标客户群体的轮廓。

2. 农产品选品

农产品选品要遵循两个方向，一是产品聚焦，二是多元化布局。产品聚焦是指主推某一种或某几种产品，通过单品体量进行标准化控制，摊薄物流、包装成本，最大限度降低损耗。缺点是对产品的品质要求高，必须有比较明显的卖点或亮点，才有成为爆款的可能；对营销策划要求比较高，从酝酿到爆发需要一个较长的周期；农产品的上市周期性是个硬伤，在货源空档期须提前安排替代商品。

多元化布局就是把能找到的不错的货源都安排上架，间隔一段时间进行筛选淘汰，再不断上架新品。例如商家准备卖家乡的土特产品，前期主要客户群就是在外务工的老乡，他们时常会想念家里的味道，商家就会尽可能多地把家乡的产品上架，供消费者选择。

3. 产品卖点挖掘

卖点是指商品在营销传播中，向消费者传播的一种主张、忠告和承诺。它能告诉消费者购买商品会得到的利益，是消费者认可、竞争对手无法提出或未提出的，在传播过程中易于理解和记忆，而且具有极大的吸引力的点。

（1）理解卖点

理解卖点应从以下四个方面着手：

① 卖点要能激发消费者购买欲望，因此要充分考虑消费者的感受。

② 卖点能以商品为依托，满足消费者的需求点，可从农产品产地、种植、物流，甚至包装方面去考虑如何使消费者认为商品具有鲜明的特点，且是消费者所需要的。

③ 卖点应充分了解消费者心声，给消费者一个本品优于其他产品的印象，可以将产品的优点提炼出来，用最直接、生动、富有冲击力和记忆点的语言加以概括和描述，并通过最有效的途径传递给消费者，让他们知道、理解和喜爱。

④ 考虑营销卖点，创造一些概念或者故事，往往能够起到如虎添翼的作用。

（2）落地实施卖点挖掘

卖点挖掘可以从功能卖点挖掘、包装形式创新以及服务体验升级等方面着手。

① 功能卖点挖掘。企业须明确，用户购买的同类农产品中，自己的商品在哪些方面的功能或指标是与竞争者有显著区别的。以浙江宁波奉化水蜜桃为例，奉化水蜜桃为中国国家地理标志产品，有“琼浆玉露，瑶池珍品”之誉，并以果型美观、肉质细软、汁多味甜、香气浓郁、皮薄易剥、入口即溶为特点。奉化水蜜桃果肉富含蛋白质、脂肪、糖、钙、磷、铁、维生素 B、维生素 C 及大量的水分，可起到养阴生津、补气润肺的保健作用。如此美味又养颜的农产品正是部分目标客户所喜爱的，配合权威的数据对比，用类似方法挖掘出来的商品卖点就是该类商品的核心竞争力所在。

② 包装形式创新。一是概念创新。概念是表现商品卖点的一种形式，概念营销会对商品销售产生巨大作用。以奉化水蜜桃为例，“中国水蜜桃之最”“堪称中国第一桃”等概念的提出，都帮助其在市场上以优于竞争对手的价格进行销售。二是形象创新。将商品形象化，能够在消费者心目中留下深刻而美好的印象。三是名人宣传。名人拥有数量庞大的粉丝群体，其中，部分可以转化为消费者。四是包装创新。“卖产品”更要“卖包装”，在相同质量的前提下，那些质量好、产品包装好的商品更具市场竞争力，更能赢得消费者的青睐。比如奉化水蜜桃的外包装，除了突出“阳光”的特点，还提供水蜜桃削皮器、一次性手套、湿纸巾等配件，突出以用户为主导的商品理念。

（3）服务体验升级

① 情怀感受。情怀更多的是一种无法对别人提起的执念和向往，是一种纯粹的情感，常常深埋在内心，超越时间和金钱。

② 服务升级。为实现全流程品质“拼鲜”，2021 年奉化“欢喜奉桃”在核心产区引进日本预冷库和保鲜库技术。基地采摘的桃子直接进预冷箱，第一时间进行快速降温，将果实温度从 30℃左右降低到 0℃，桃子进入休眠后保持新鲜状态，再进行包装和发货。

③ 产业链创新。自 1996 年宁波市奉化区被国务院发展研究中心等部门联合命名为“中国水蜜桃之乡”以来，奉化水蜜桃产业得到了持续、快速的发展，成了奉化农民最大的“钱袋子”。从赏花到品桃，奉化以“桃”为牵引，串联起周边和沿途旅游景点，“变现”桃经济，形成了一条完整的桃产业链。20 多年来，奉化区经过科研攻关，已形成了白凤、赤月、湖景蜜露、玉露、白丽、圆梦等，早、中、晚熟相配套的 30 个主要栽培品种体系。

二、运营平台选择

《2023 中国农产品电商发展报告》显示，2022 年我国农产品电商超额完成《2022 年数字乡村发展工作要点》中提出的“农产品电商网络零售额突破 4300 亿元”的目标，为 5313.8 亿元。

1. 开店平台选择

B2B 农产品交易代表一亩田 2022 年覆盖全国 65 个城市，110 个市场的 9790 个档口，年销售农产品可达 600 万吨，全年撮合交易额超过 3000 亿元。2022 年服务全国 341 个市 2753 个县的 88.82 万个产地货主，通过“豆牛代卖”询出货、查行情、销售货品。

农产品网络零售平台发展稳健。创立于 2015 年的拼多多目前已直连超过 1600 万农户，以创新的“农地云拼”模式，向近 9 亿消费者销售农副产品。2022 年第三季度报表反映，前三季度营收达到 907.38 亿元，同比增长 35.98%，净利润达到 220.84 亿元，自 2021 年第二季度以来连续 6 个季度实现盈收。

农产品直播电商近年来发展火热。源头农户、商家通过短视频、直播来宣传和推介优质农产品，为农产品进城打开销路。抖音、快手、淘宝、西瓜视频、有赞、第一视频等直播电商发挥较大的作用。其中抖音、快手、淘宝呈“三足鼎立”的态势，2022 年直播电商交易额分别为 15000 亿元、9000 亿元、7700 亿元。

2. 网店注册及信息完善

（1）一亩田账户注册和产品发布

注册一亩田账户的操作很简单，只需打开其官方网站，根据系统提示进行相关操作即可。具体方法如下：进入一亩田平台首页，点击商户登录进行注册，如图 3-1 所示。

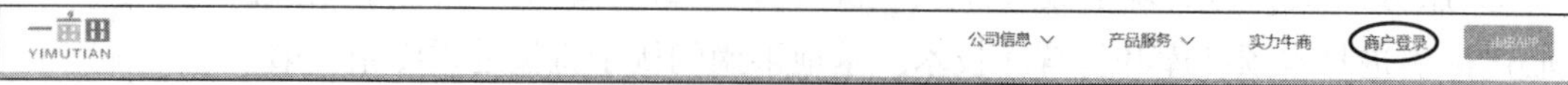

图 3-1　注册商家账户

注册完成后，即可登录，在首页平台左侧可以看到店铺实时概况，近 7 天下单数和交易金额，以及最新订单动态，提醒店家及时确认订单、发货、完成售后，如图 3-2 所示。

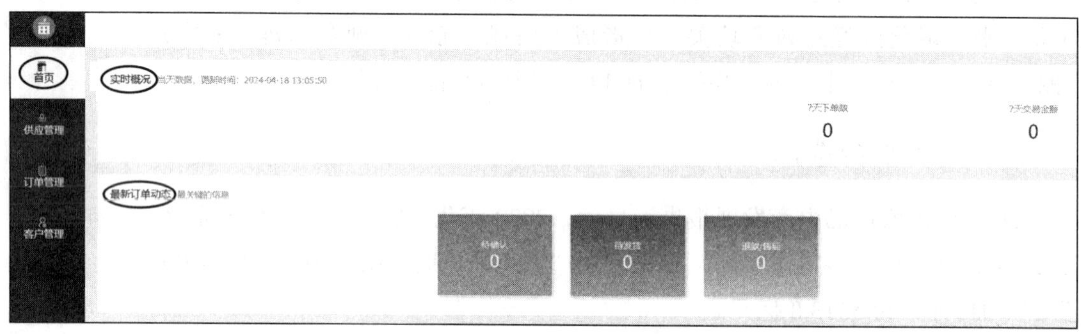

图 3-2　查看店铺实时概况

发布产品，点击供应管理、在发布供应页面完成农产品的上架。依次填写农产品名称、产地、上传图片、产品详情介绍、价格等。最后点击发布按钮，完成发布，如图 3-3 所示。

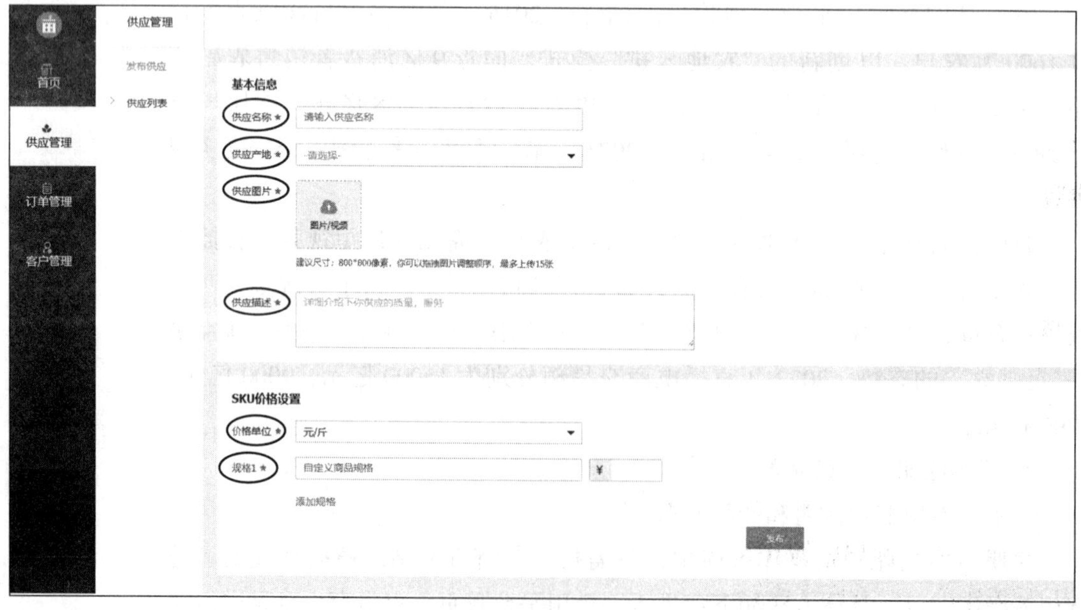

图3-3　完成供应管理

（2）拼多多注册和产品发布

登录拼多多官网首页，查阅入驻手册，点击页面上方的“境内商家入驻”超链接，在打开的页面中输入手机号码和密码，单击“获取验证码”超链接，输入系统发到手机上的短信验证码，单击“0 元入驻”按钮，如图 3-4 所示。

图 3-4　注册商家店铺

在拼多多上，店铺包括个人店和企业店，如图 3-5 所示。其中，个人店有个人、个体工商户两种类型，个人店需要上传身份证原件照片，而个体工商户店除了身份证原件照片外，还需上传入驻人本人的个体工商户营业执照。商家可以进入拼多多首页，单击页面下方“资质要求”栏的“立即查看”按钮，在打开的页面中选择店铺类型，即可查看需要准备的资料。

资质要求

个人店　企业店　　适合个人/个体工商户入驻，提供身份证等即可开店

快速筛选入驻资质 不同店铺类型，入驻所需资质不同，请根据您的实际情况进行选择

店铺类型　个人店　个体工商户

个人店

	主体资质	详情描述
1	身份证人像面照片 身份证国徽面照片	1、必须是中国大陆身份证 2、距离有效期截至时间应大于1个月 3、证件清晰，图片上传不要倒置

图 3-5　选择店铺类型

以开设一家经营水果的个人店（普通农户一般没有营业执照，且水果属于初级农产品，个人店就可以经营）为例，介绍开设店铺的方法，具体操作如下。

① 进入拼多多首页，单击“立即登录”超链接，在打开的页面中登录拼多多账户，然后在打开的“请选择您的店铺类型”页面中选择店铺类型，这里单击选中“个人店”栏下的“个人店”单选项，单击“下一步”按钮。

② 填写店铺名称并选择主营类目，然后进入下一步上传身份证照片并进行人脸识别完成注册，如图 3-6 所示。

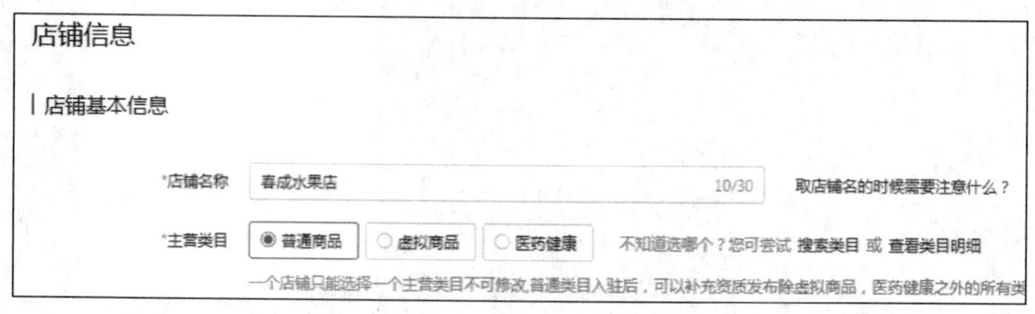

图 3-6　填写店铺名称和主营类目

③ 为开设成功的店铺设置店铺基本信息，完善店铺的标识、简介和其他信息，建立店铺的基本形象，具体操作如下。登录拼多多商家后台，在左侧列表中单击“店铺管理”栏中的“店铺信息”超链接，打开“店铺信息”页面，单击“店铺标识”栏的图片框，点击“打开”对话框，选择需要上传的文件，单击“打开”按钮，即可设置店铺标识，如图 3-7 所示。设置店铺简介和联系方式后即可进入下一步发布产品。

④ 为店铺发布一款农产品——红美人。红美人产地为浙江省宁波市象山县，品种为红美人，采取袋装，有大果、超大果、中大果三种，承诺坏果包赔，如图 3-8 所示，其具体操作如下。

⑤ 填写商品标题并设置商品属性，完成产品图片的上传即可，如图 3-9 所示。

（3）抖音电商平台注册和运营

作为新媒体电商平台的抖音也允许开设网店并销售产品。农村电商从业人员可以入驻抖音发布和销售农产品。抖音账号注册过程十分简单，但是要在抖音卖货需要一定的门槛。开通抖音“商品橱窗”功能的必要申请条件有三个：粉丝需要≥ 1000；发布视频作品至少 10 个；必须完成实名认证（有芝麻认证和人工认证两种认证方式）。

① 选择主体类型。目前，国内抖店主要有个人身份、个体工商户、企

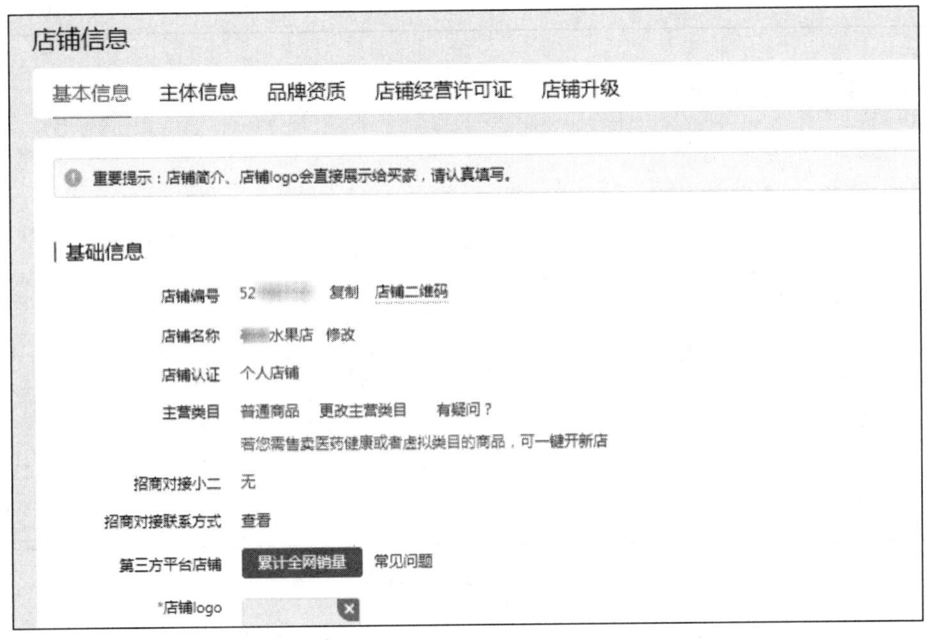

图 3-7　完善店铺信息

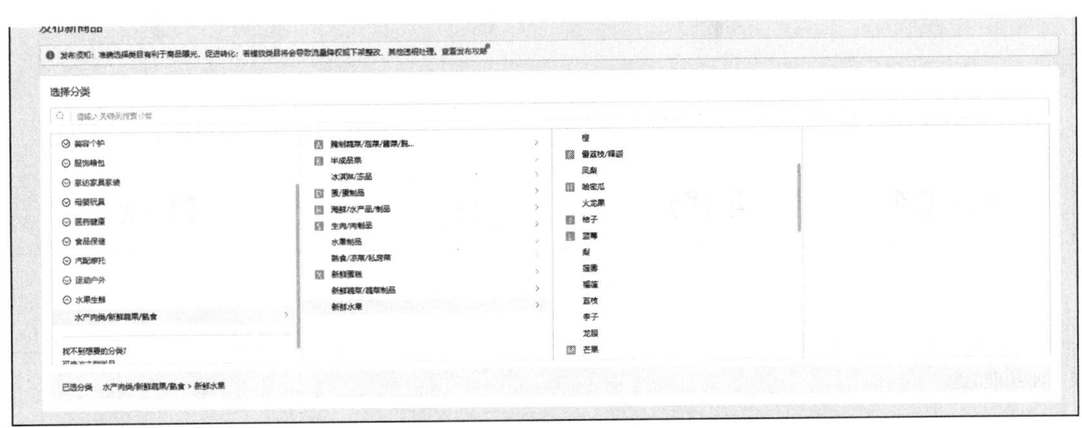

图 3-8　准确选择产品分类

业 / 公司三种类型，如图 3-10 所示。从业人员只需根据个人情况，对应选择主体类型，然后单击“立即入驻”按钮即可。

② 填写信息，按照平台提示完善开店信息，如图 3-11 所示。

③ 完善网店信息，包括店铺名称、类型、标识和经营类目等。

填写完相关信息后，抖音将会审核商家的信息和资质，审核通过后会要求商家进行账户验证。完成验证后，商家就需要按照农产品的对应类目缴纳保证金，如图 3-12 所示。保证金是商家向平台缴存的款项，通常用于担保产品和服务质量，只有缴纳保证金后抖店才能正常营业。

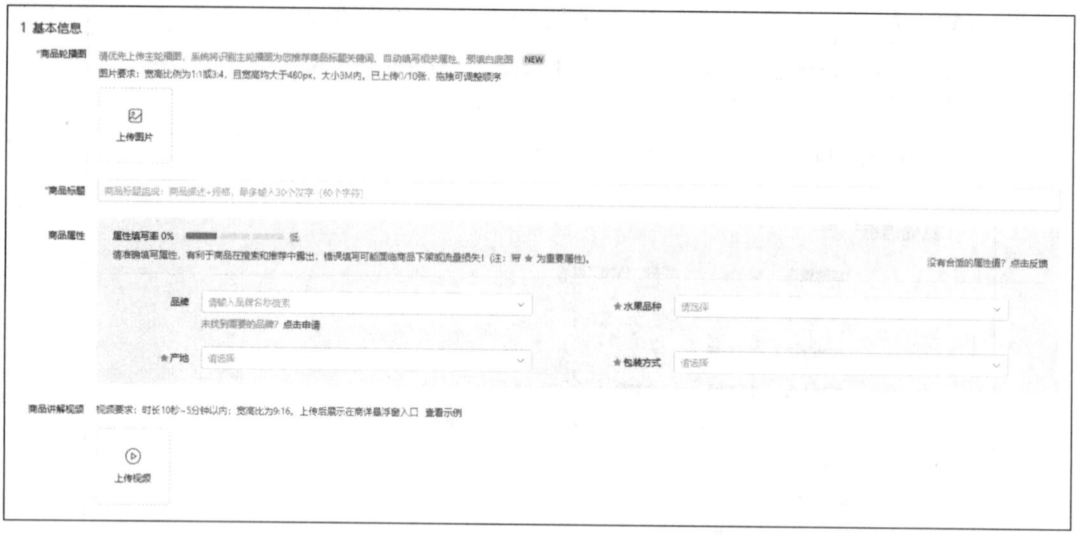

1 基本信息

*商品轮播图 请优先上传主轮播图，系统将识别主轮播图为您推荐商品标题关键词、自动填写相关属性、预填白底图 NEW

图片要求：宽高比例为1:1或3:4，且宽高均大于480px，大小3M内，已上传0/10张，拖拽可调整顺序

上传图片

*商品标题 商品标题组成：商品描述+规格，最多输入30个汉字（60个字符）

商品属性 属性填写率 0% 低

请准确填写属性，有利于商品在搜索和推荐中露出，错误填写可能面临商品下架或流量损失！（注：带 ★ 为重要属性）。 没有合适的属性值？点击反馈

品牌 请输入品牌名称搜索 未找到需要的品牌？点击申请

★水果品种 请选择

★产地 请选择

★包装方式 请选择

商品讲解视频 视频要求：时长10秒~5分钟以内；宽高比为9:16，上传后展示在商详悬浮窗入口 查看示例

上传视频

图3-9 设置产品属性

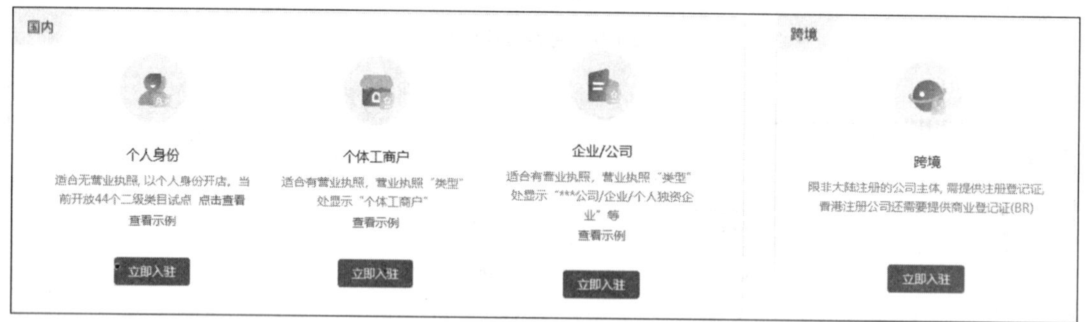

图3-10 选择主体类型

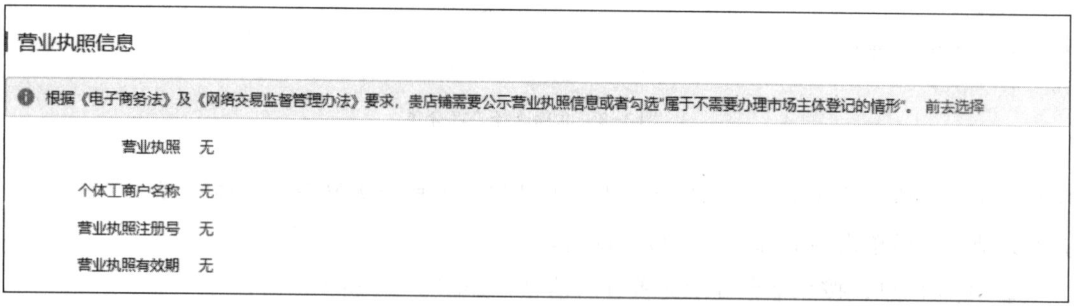

营业执照信息

根据《电子商务法》及《网络交易监督管理办法》要求，贵店铺需要公示营业执照信息或者勾选"属于不需要办理市场主体登记的情形"。前去选择

营业执照 无

个体工商户名称 无

营业执照注册号 无

营业执照有效期 无

图3-11 主体信息

抖音电商里丰富多元的乡村类短视频和直播内容，生动展示了农特产风味及原产地风貌，吸引了更多有需求的消费者下单购买。抖音三农领域具体可以分为以下三大类：产品科普类、美食教程类和农业教育类。

图3-12　缴纳保证金

产品科普类：以科普产品知识及有关生活小常识为主要内容。需要做到的是稳定输出相关信息，比如卖水果的，就需要每天或者稳定间隔一定时间输出水果类的科普信息。例如苹果可以如何吃、怎样搭配养生、不同产地苹果口感差异等。

美食教程类：以产品的各种吃法为主要内容。美食教程类的账号，吸粉最精准且用户黏性最强，转化率最高。

农业教育类：以教授农业相关知识为主要内容。比如可以根据每个产品的生产全过程做一个细分拍摄，从种苗到成熟到销售的整个全过程。每一个小过程，都可以就一个知识点来做视频。

在定位好账号风格后，就要开始拍摄上传内容，拍摄时尽量要有明确的主题，不能复制他人的内容。需要注意的是，要根据平台的规则来进行拍摄，这样才有可能达到理想的效果。

视频制作完成后，在发布环节要注意：标题引导语冗长会削弱点击欲，引导语最好用一两句话即可使人初步了解视频内容；设置关联话题、蹭热点让推荐关注量剧增。在抖音界面有一个“话题”栏。可以选择一个跟农产品比较相关的话题关联，如果没有比较相关的，就关联最热点的话题；开启地点定位，抖音会根据你的定位，优先推荐给周边用户，这样可以帮助视频最大限度获取周边用户关注。

三、产品发布

1. 产品标题撰写

撰写农产品标题时，应确保信息全面且具有吸引力，以下是几个基本的结构示例。品种 + 产地：“正宗东北五常大米 新鲜现磨2024年新米5kg装”；绿色 / 有机属性：“绿色认证无公害有机蔬菜礼盒　新鲜采摘当季时令蔬菜”；

特色或等级："特级新疆和田大枣新鲜干果天然晾晒　无添加500g"；功能或食用方法："即食燕麦片　低糖营养早餐农家自种无农药残留300g"；数量及包装形式："新鲜散养土鸡蛋40枚装　脆皮蛋黄饱满走地鸡"。

总结起来，一个完整的农产品标题可能是这样的："【现摘现发】云南高山生态蓝莓　有机种植无农药残留果实饱满250g*3袋"。这样的标题既包含了产品的主要信息，又突出了产品的特色和优势，能够吸引消费者的注意力并提供购买决策所需的关键信息。

2. 产品图片拍摄

（1）农产品发布规范要求

出于提升平台用户体验的考虑，为增加商品搜索点击率，提升用户购买转化率，确保商品信息精准化，不管国内还是国外的电商平台，都对农产品信息发布提出了明确要求。主流电商平台对农产品发布规范要求归纳如下。

① 商品标题与详情页以及活动页面中，均不得发布涉嫌违法与违规的商品信息，包括广告、外链、更换商品重要属性、未经授权的信息等。

② 商品标题与图片要信息一致。

③ 商品标题要明确品牌、名称、基本属性（产地、季节、功效等）、规格（类型、品质、货号等）等，标题中不能出现与商品不一致的夸大描述，不得暗示商品的医疗作用或效果。

④ 商品主图与商品介绍都应是高清图片，至少应为800×800像素，JPG、JPEG或PNG格式，图片应清晰、亮度充足，并满布显示，背景一般为素色。

⑤ 商品图片不能有大面积黑色投影或反光，图片要能体现商品本身品质，实拍图与细节图搭配，能清晰、真实地反映品质并让用户产生购买欲望，图片所示商品颜色和规格等必须与商品文字介绍一致。

⑥ 商品价格需真实描述，专题活动价格应符合逻辑，不能扰乱市场价格。

⑦ 商品描述不得出现不对称促销信息，比如价格不一致、促销时间不一致、品牌不一致、涉及侵权信息等。

（2）农产品拍摄步骤

农产品电商的商品都是通过图片直接展示出来的，因此，一张美观的照片能使消费者产生好感，增加点击率，吸引他们进入店铺查看商品详细信息。当然，一张好的照片也能帮助商家让自己的商品在同类产品中脱颖而出，让消费者耳目一新，增加对商品的关注度，从而改变决策，为提高销售量奠定基础。

那么，如何完成农产品的拍摄呢？从项目运营整体的角度来讲，农产品拍摄可以从农作物商品和手工制品两个大的方面入手。

① 农作物商品拍摄项目。对农作物商品来说，拍摄应贯穿全过程，包括选种、播种、浇灌、生长、管理、收获、晾晒、成品、包装、物流配送等各个环节。全方位展示农作物的生长成熟的过程，从多角度拍摄，还要有关键人物背书。这有助于消费者更了解商品，从农产品的原生态生长环境，无公害、可溯源的生产过程，现代化仓储配送流程的照片中增强对商品的信心。

② 手工制品商品拍摄项目。手工制品的拍摄需要包括原料的生长、采集、加工，手工艺展，人物，成品图，包装，物流等环节，拍摄侧重于原料生长环节、人物劳作过程，这有助于消费者更了解商品，增加消费者对于手工制品的认知。

具体到每一个项目的拍摄，可以从六个方面入手。

一是选择合适的背景。选择背景时，要根据商品的颜色，选择能与之形成反差的背景颜色。例如，白色的大米可以选黑色的背景，彩色的杂粮可以选白色的背景等。背景可以是桌子、手，也可以是纯色的纸板等，如图 3-13 所示。

二是在恰当的光线下进行。拍摄光线以自然光最佳，不宜过亮或者过暗。切忌使用闪光灯，在光线不足的情况下，拍摄者可以借助台灯等外来光源提高亮度，如图 3-14 所示。

图 3-13　黑色背景

图 3-14　自然光拍摄

三是调整拍摄距离。根据实践验证，最佳拍摄距离为 6~10 厘米，对于非原粮带包装的商品，拍摄距离可稍微远一些。

四是锁定拍摄角度。经过验证，拍摄角度通常以 90° 或 45° 为主，以这两个角度拍出来的图片看起来清晰舒服。

（3）农产品拍摄技巧

如何把农产品美的一面展现出来？下面介绍一些构图及拍摄的技巧。

① 单个农产品。单个农产品的拍摄要求构图简洁，一般采用对角线构

图，也可以将整个商品和部分商品放在一起，或用其他饰品进行搭配，如图 3−15 所示。

② 农产品组合。如果要出售的农产品比较多，摆放在一起会很乱，一定要注意构图，一般是组成一个形状，这样才有整体感。方形是很好的方法；三角形也是常用的一种形式；弧形比较有创意。在构图中可以加入品牌标识，如图 3−16 所示。

③ 农产品细节。农产品质量的优劣是消费者非常关心的，质量通常通过细节才能展现出来。拍摄时一定要把微距模式打开，或者把镜头拉得足够近，这样既能展现农产品细节，又能营造前景深的效果，增加美感，如图 3−17 所示。

图 3−15 单个农产品拍摄

图 3−16 展示农产品品牌

图 3−17 农产品细节

3. 产品主图及详情页制作

一般来讲，平台详情页制作主要包含 1:1 主图、3:4 主图、主图视频、导购素材、详情描述、店铺内分类等，如图 3−18 所示。

产品详情页主要包含首屏海报、场景图、卖点图、产品规格尺码表：

① 首屏海报。首屏海报可以设置店铺营销图片，把店铺主推款放到这里。因为在最前面，当买家点击进入的时候就能第一眼就看到，所以首屏海报要有自己鲜明的亮点。

② 场景图。场景图就是模特和背景，场景图可以融入环境，代入感特别强。只有当客户产生了代入感，才会有强烈的购物欲望。

③ 卖点图。卖点图就是产品优势图，选择做一款产品首先就要了解产品的优势，然后体现在卖点图上面。

④ 产品规格尺码表。产品规格尺码表也非常重要。很多买家购物多半是静默下单，主要看详情页介绍，如果信息准确、全面，会提高购买可能性。

下面重点分享一些主图的制作技巧，运用这些技巧制作的产品主图可以

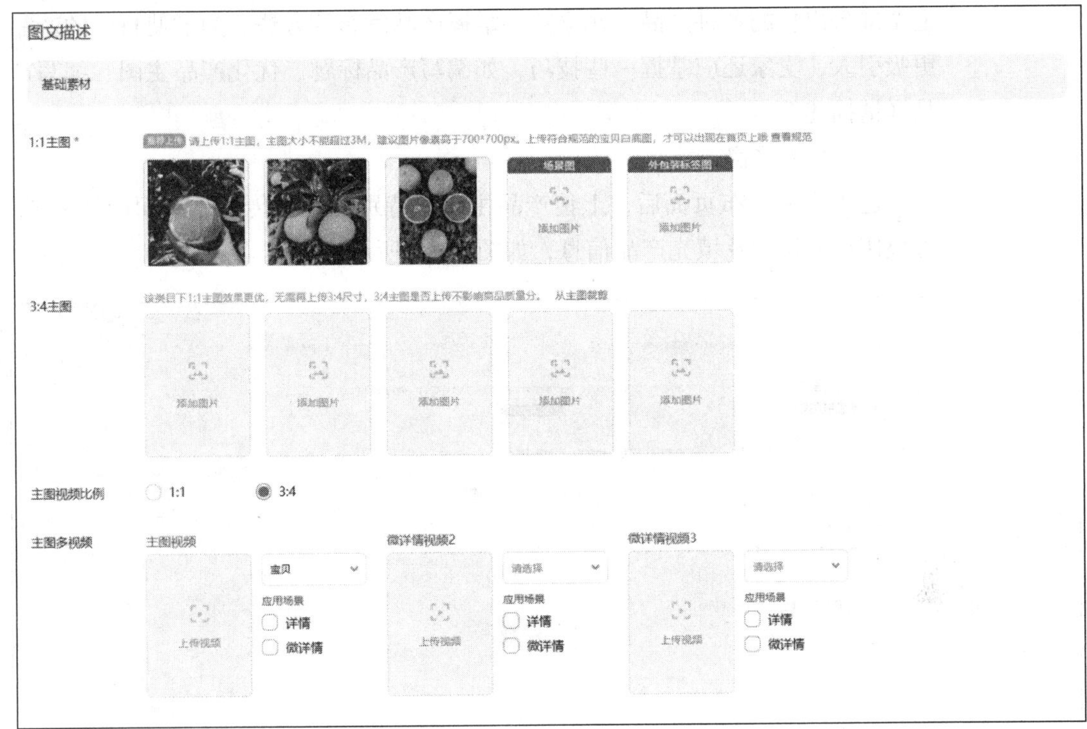

图3-18　某平台详情页制作

提升用户点击率。

① 做到场景化拍摄主图。制作产品主图之前，需要先拍摄主图。为了更好地吸引目标人群，要分析产品的使用场景，并根据需求布置摄影场景，拍摄产品主图。

② 主图视觉美化把握好度。后期美化过的产品图片，给用户带来的观感是不一样的。如果没有拍摄场景化的产品主图，可以通过后期增加背景来衬托产品。但进行后期美化图片时一定要把握好度，不能让主图失真，与实物偏差过大。

③ 提炼产品卖点进行展示。产品主图是用户第一眼所看到的产品介绍，所以一定要借助这个窗口向用户展示出产品卖点。卖点一般是产品的特色、价值以及用户的痛点需求，但主图上卖点不宜过多，选最核心、最简洁、最击中用户痛点的即可。

④ 打造产品主图差异化。现在平台上同类目的产品太多，想要吸引用户的点击，产品主图必须与他人有所不同，形成差异化。当然，做差异化的产品图片不是那么容易的，千万不要把另类、突兀当作差异化。

4. 产品发布

店铺设置好后，就可以进行产品的发布了。产品发布指的是卖家在平台上架准备出售的各种产品。卖家需要掌握产品发布的方法，为了使自己的产品更吸引人，卖家还应掌握一些技巧，如编写产品标题、优化产品主图、编写产品详情描述等。

（1）发布产品

进入产品发布页面后，上传产品主图。特别注意上传高清正面产品主图，可快速智能识别及填充产品信息，如图 3-19 所示。

图 3-19 发布产品

（2）完善产品信息：基础信息

根据要求，卖家需要完善产品属性信息，同时需要填写产品的销售信息，包括库存、价格等，产品属性信息应尽量填写详细。完整的产品属性会增强买家对产品的信任感，获得平台对产品的肯定，提升产品在平台上的搜索排名，从而获得更多的展示机会，如图 3-20 所示。

（3）完善产品信息：物流信息

在“物流信息”中选中“使用物流配送”复选框，若要将一批产品设置为同样的运费，可以选择产品的运费模板或者点击“新建运费模板”，如图 3-21 所示。

（4）完善产品信息：上架时间

完善产品信息后，选择产品上架时间（“立刻上架”“定时上架”“放入仓库”），点击“发布”按钮，即可完成该产品的发布，如图 3-22 所示。

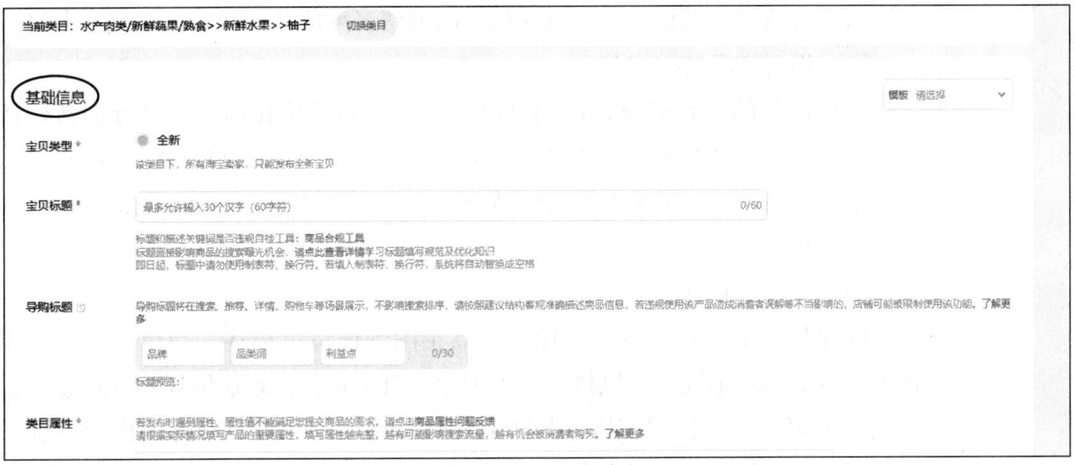

当前类目：水产肉类/新鲜蔬果/熟食>>新鲜水果>>柚子　切换类目

基础信息　　模板　请选择

宝贝类型 *　全新

该类目下，所有淘宝卖家，只能发布全新宝贝

宝贝标题 *　最多允许输入30个汉字（60字符）　0/60

导购标题　品牌　品类词　利益点　0/30

标题预览：

类目属性 *

图 3-20　完善产品信息

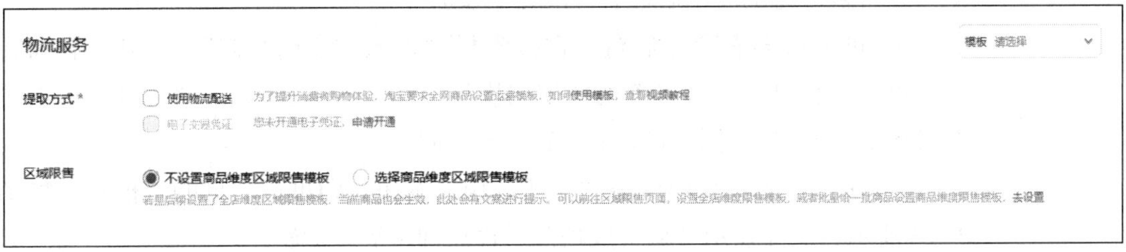

物流服务　　模板　请选择

提取方式 *　使用物流配送

您未开通电子凭证，申请开通

区域限售　不设置商品维度区域限售模板　选择商品维度区域限售模板

图 3-21　完善物流信息

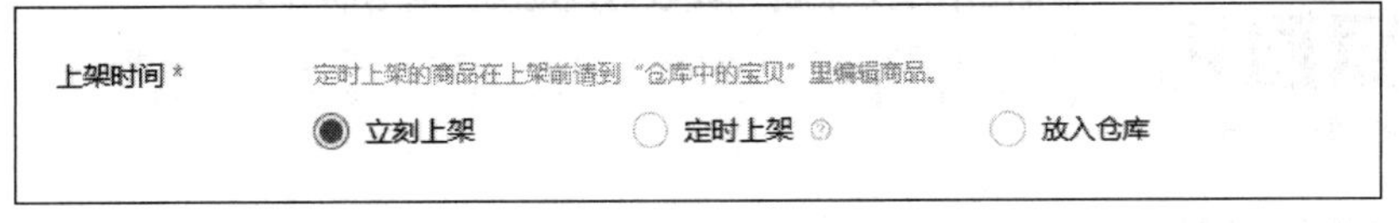

图 3-22　完善上架时间

四、店铺装修

消费者在购物时不但关注农产品的价格和品质，还希望能有良好的购物体验。因此，在网购中，视觉体验对消费者购物体验的影响是不言而喻的。那么，好的店铺装修能够给予消费者更佳的视觉体验，增强消费者对店铺的好感，已经成为商家普遍认同的运营策略。

1. 定位店铺视觉风格

（1）根据目标消费人群的审美偏好定位

根据产品特性和目标市场调研消费者喜好、年龄层次、性别比例、消费习惯等信息。掌握目标人群对购物环境的期待，例如年轻时尚群体可能更倾向于简洁现代或潮流的设计，而成熟稳重的消费者可能喜欢典雅、大气的布局。

（2）根据产品特点定位

了解产品的独特卖点，比如是高端定制还是性价比高，是具有创新科技元素还是复古文艺风格，如数码产品通常适合极简风、科技感强的装修风格，强调专业与品质；母婴类产品则更适合温馨、柔和且富有童趣的风格，传达出安全、亲和的感觉。

（3）保持一致性

确保从店铺标识、页头宣传、产品主图到详情页描述，乃至客户服务等各个环节都体现出统一的风格和品牌理念，页头宣传体现店铺风格和理念。通过以上步骤，可以将网店风格与产品特性紧密结合，形成独特的店铺品牌形象，从而吸引并留住目标客户，提高转化率。

2. 装修店铺首页

以拼多多为例展示店铺装修的几个步骤：

① 进入拼多多商家后台，在搜索栏中输入“店铺装修”，打开“店铺装修”页面，将显示系统推荐的“使用模板”和“自主装修”。商家可以单击所选模板下方的“一键免费试用”按钮进行试用。

② 在打开的页面中单击“立即订购”按钮，即可成功订购该模板，如图3−23所示，页面显示“购买成功”字样后即可展开编辑。

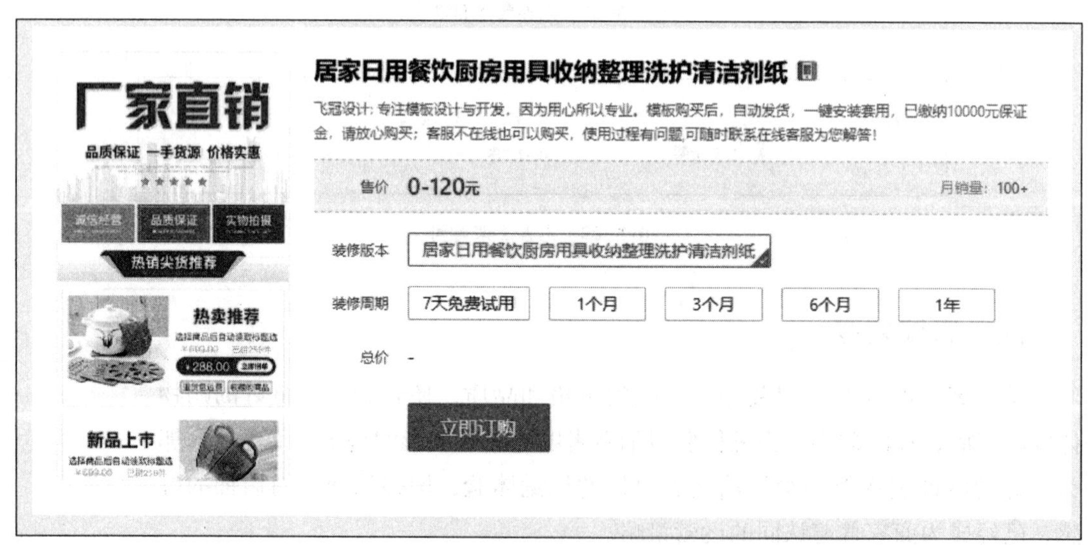

图3−23　订购模板

③ 打开店铺装修页面，此时页面中间区域将显示已订购模板的预览效果，商家可以根据实际情况对模板进行编辑，包括添加或删除组件、更换组件中的图片等。这里以“大家都在拼”组件为例，单击该组件右侧的“删除”按

钮，在打开的对话框中单击“确认”按钮，即删除该组件，如图 3-24 所示。

图 3-24　“大家都在拼”组件

④ 选择导航栏下方的“一行一张”组件，将鼠标指针移动至右侧组件编辑区的“上传图片”，如图 3-25 所示。打开选择文件”对话框，单击“选择图片”按钮，选择需要上传的图片，单击“打开”按钮。返回“图片空间”对话框，即可看到系统正在上传图片，完成后单击“确认”即可。

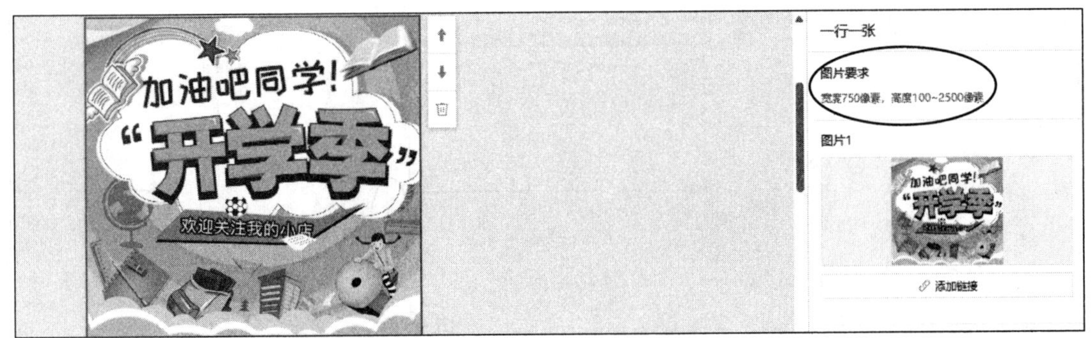

图 3-25　“一行一张”设置

⑤ 返回店铺装修页面，单击右侧组件编辑区的“图片 1”编辑框下方的“添加链接”按钮，打开“选择链接”对话框，选择对应的农产品链接，单击“确定”按钮。

⑥ 选择“混排商品”组件，将鼠标指针移动到右侧组件编辑区的“模板样式”编辑框中，单击出现的“更换模板样式”按钮，打开“混排商品样式”对话框，选择需要的样式，单击下方“确定”按钮，如图 3-26 所示。

⑦ 将鼠标指针移到左侧“图片组件”栏下的“轮播图片”组件上，商家最多可以选择 4 张轮播图片，在右侧编辑区选择上传图片，如图 3-27 所示。

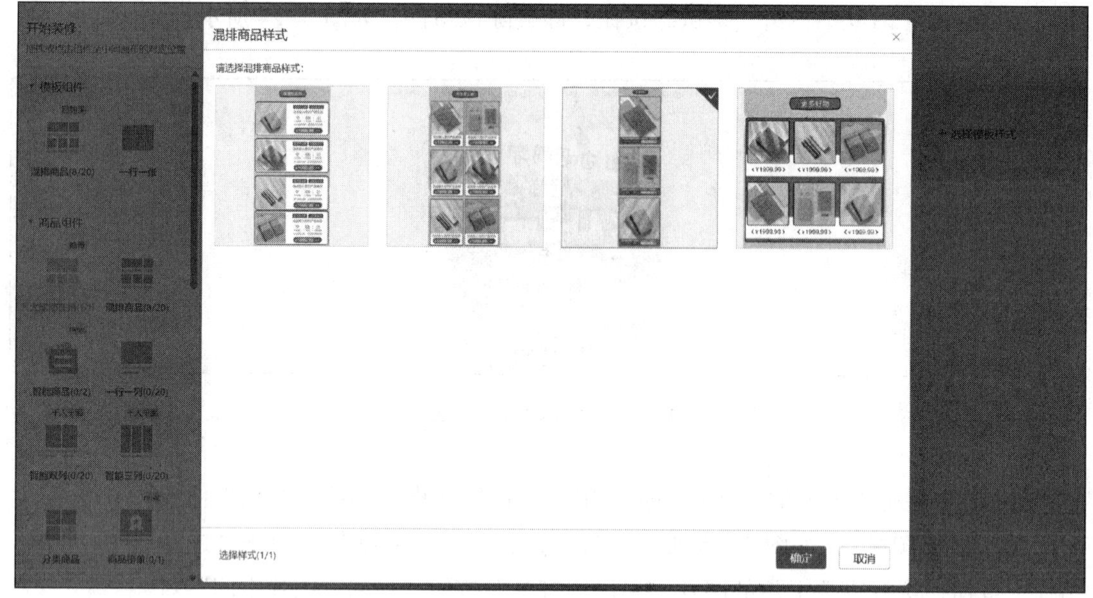

图 3-26 “混排商品”设置

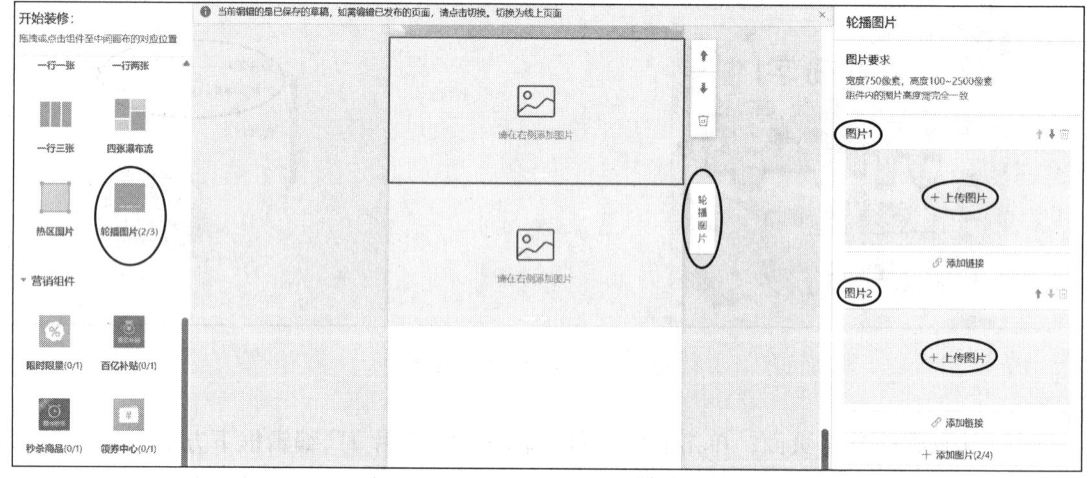

图 3-27 “混排商品”设置

⑧ 为了让产品获得更多流量，可以添加营销工具。在左侧工具栏“营销组件”，可以选择“限时限量”“百亿补贴”“秒杀商品”“领券中心”。暂无活动的商品需要到店铺营销—营销活动栏完成报名即可参与，如图 3-28 所示。

⑨ 在打开的“图片空间”对话框中，选择需要展示的图片，单击“确认”按钮，返回店铺装修页面，即可查看预览效果。

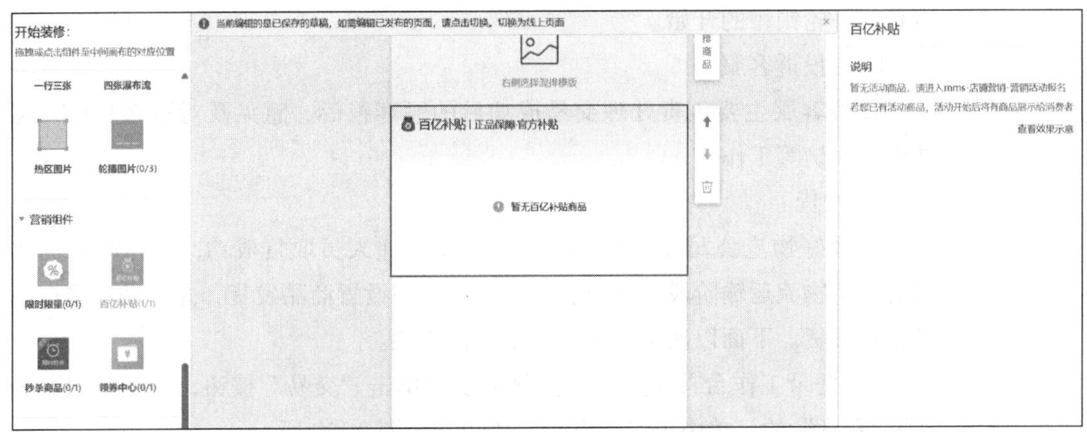

图 3-28 “营销组件”设置

五、订单处理及售后服务

1. 订单处理

顾客进店购买商品并完成付款后，下一个环节就是等待商家发货。在网店交易过程中，有不少订单是因为顾客地址错误或商品拍错而导致的退换货。因此，在发货前，客服要与顾客及时确认订单详情等信息。

售中客服可以直接使用千牛与顾客沟通确认，若有需要修改的信息，可以直接在千牛中进行修改。完成后再次进行确认，无误后则进行后续操作。

2. 客户服务

电商客服是直接面对客户的第一人，是公司或网店与客户沟通的桥梁，电商客服的服务水平直接影响客户的购物体验。客户服务是一种员工能力，它通过员工为内部客户和外部客户销售商品和提供服务时所具备的知识水平、能力高低和工作热情等展示出来。

（1）售前客服

售前客服的主要工作是通过阿里旺旺、电话等途径解答顾客在购物过程中的所有疑问，进而帮助顾客更好地挑选产品。在这个过程中，售前客服还可以向顾客推销商品，为网店带来销售业绩。

（2）打包客服

打包客服主要是核对顾客的订单信息，确认信息无误后根据订单分拣货物，最后打包订单中包含的商品并发货。

（3）售后客服

售后客服的主要工作是解决快递物流、处理退换货及中差评等。售后客服负责处理的订单主要是已发货状态的订单，只要订单处于已发货状态，此后来咨询订单相关情况的顾客都将由售后客服来提供服务。做好顾客的售后工作也是新一轮销售的开始。

（4）投诉客服

投诉客服主要负责处理交易成功后的顾客投诉、意见及对顾客投诉意见处理的回访等工作。

3. 发货

联系好物流公司并打包好商品后，待快递人员取货成功，就意味着商品已进入了物流运输阶段。此时客服要在后台中设置商品发货，并告知顾客商品已正常发货。下面以淘宝网为例展示操作步骤。

① 登录工作台首页后，在左侧列表中单击“交易”按钮，在交易状态为“等待发货”的订单中单击“发货”按钮，如图 3-29 所示。

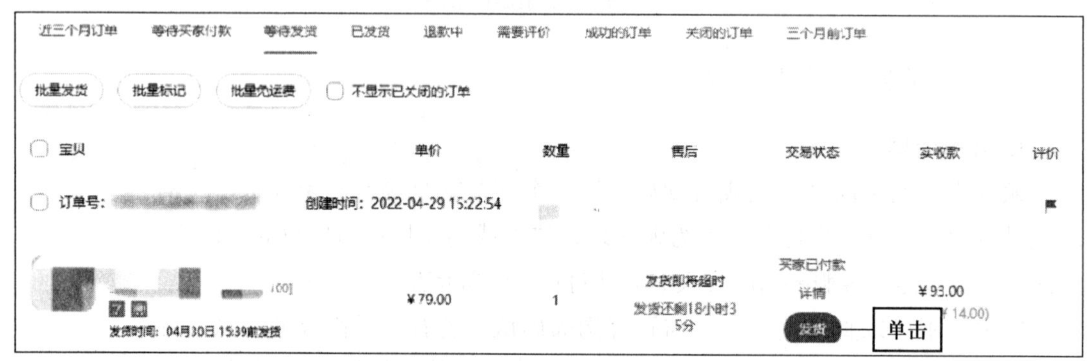

图 3-29　选择发货

② 打开“开始发货”页面，确认收货信息及交易详情、发货 / 退货信息无误后，在“第三步 选择发货方式”栏中单击“自己联系物流”选项卡，在下方输入运单号，并选择快递公司，然后单击“确认并发货”按钮，如图 3-30 所示。

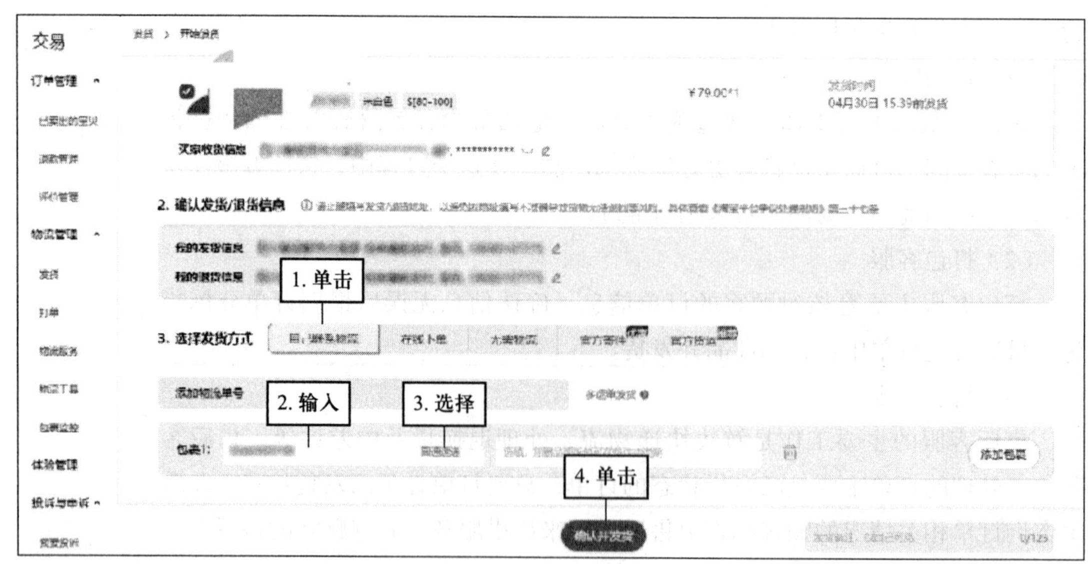

图 3-30　选择发货方式

③ 发货成功后，客服还要及时跟踪物流，保证物流进度正常。打开“已卖出的宝贝”页面，在该笔订单右侧单击“详情”链接。打开“物流详情”页面，单击“收货和物流信息”选项卡，即可查看该笔订单的物流信息，如图3-31所示。

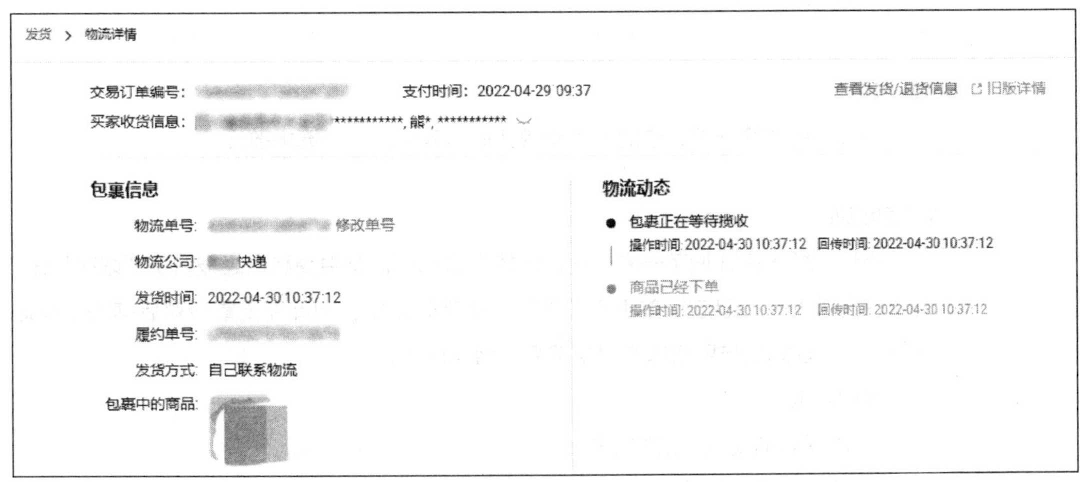

图3-31　查看物流信息

4. 物流优化

我国农村电商取得长足进步离不开物流领域的高质量发展。一方面，我国物流基础设施得到快速提升，特别是公路、铁路、航空等交通运输工具的基础设施建设得到了持续推进，这为农村电商发展提供了较好的物流环境。另一方面，随着互联网和移动通信的快速发展，电商企业和物流服务商开始借助新型技术手段，建立全新的物流运营模式，以提高物流效率和消费者体验。

案例分享

蒙阴县地处临沂商贸圈和省会经济圈的交汇地带，毗邻济南、泰安、淄博三市。京沪高速公路贯穿全县，205国道和沂蒙公路纵贯南北，兖石公路横穿东西，与青岛港、岚山港、临沂机场相连。县、乡公路四通八达，便利的交通为蒙阴县的物流产业和电商产业发展提供了优良条件。目前，蒙阴县初步建成了城西商贸集聚区、京沪高速公路蒙阴出口、孟良崮出口、旧寨、坦埠物流园区5个较大的物流集散区。

近年来，蒙阴县围绕蜜桃、山楂、紫薯等特优农产品，大力发展农村电商产业，成功带动了农村经济发展。由于蒙阴县地处蒙山之阴，县内多山地、丘陵，对物流业影响较大。物流业作为农村电商发展的基石，如果物流不畅，必然会制约农村电商产业壮大。蒙阴县以乡村振兴为契机，积极推动农村电商与物流融合发展，围绕《蒙阴县物流业发展规划（2018—2025年）》，加快构建更加成熟和完善的物流体系，尤其是打通县、乡、村三级物流体系的“最后一公里”，夯实农村电商发展基础，孵化出更多知名电商企业，确保早日实现乡村振兴目标。

说一说

请分小组讨论一下，你的家乡有哪些商贸集聚区、物流集散区?

本章实训

小汪在拼多多开设了一家店铺，出售自家杨梅。其中商品已经报名了“限时秒杀”活动，流量很大，但店铺首页不够美观，影响转化率，因此需要重新对店铺的首页进行装修，要求风格与所售农产品相契合，且美观大方。

实训要求：

① 掌握店铺视觉风格的定位。

② 能够装修店铺首页。

项目四　农产品网络营销

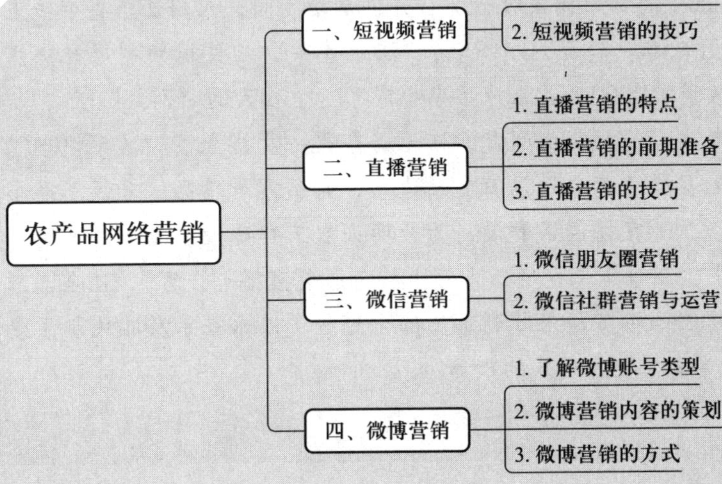

学习目标

知识目标

① 了解农产品网络营销的特点。

② 了解农产品网络营销常用平台。

③ 掌握农产品网络营销的运营技巧。

④ 掌握农产品网络营销的策略。

能力目标

① 能根据农产品类别选择合适的网络营销方法。

② 能使用网络营销相关技能和技巧。

③ 能使用网络营销常用手段推广农产品。

④ 能够操作网络营销常用软件和平台。

素质目标

① 培养学生踏实细心、实事求是、诚信经营的优良品质。

② 培养学生创新意识和知识产权保护意识。

③ 培养学生团队协作能力与沟通能力。

④ 培养学生担当意识和使命精神。

引导案例

2023年9月月底，“第六届中国农民丰收节永州主题活动暨江永香芋推广活动”（以下简称永州丰收节）召开，活动期间，永州江永香芋线上线下订单纷至沓来。截至10月8日，“江永香芋”相关视频刷屏社交媒体，话题播放量破4000万，江永香芋也成了这个秋天的“网红”。

随着近年来直播带货的兴起，江永香芋再一次搭上了“数字快车”。2022年，江永县携手惠农网培育直播人才，打造网货精品，升级直播小站，共同推动本地直播经济发展，为数商兴农工程建设注入“加速度”。永州丰收节上，江永本地电商达人穿上特色服装直播“揽客”，让全国网友直观地了解江永香芋从采收到加工的全过程，江永香芋及相关制品走俏“云端”，走向了更为广阔的市场。

项目四 引导案例想一想参考答案

想一想

① 直播带货为什么能够取得较好的效果?

②“江永香芋”直播营销在当地乡村振兴中发挥了什么作用?

一、短视频营销

近几年，手机等移动设备的迅速发展，催生出很多新兴行业，短视频就在这样的背景下应运而生，并逐渐发展起来。短视频平台的不断涌现，短视频用户数量的飞速增长，使得短视频的营销价值逐渐凸显，各大农产品商家纷纷将短视频营销纳入产业布局，传统农业也在各大短视频平台的扶持和国家政策的支持下，实现了与短视频行业的融合，走出了一条新的营销通路。

1. 短视频营销内容定位

（1）短视频营销的概念

在发展早期，短视频对人们工作、生活的影响并不明显，那时候的短视频多发布在电脑端的视频网站上，尚未形成较大的行业规模。但在 4G、5G 技术普及以后，以抖音、快手为代表的短视频平台不断涌现，短视频的内容和形式得到了极大的丰富。短视频低成本、轻量化、碎片化、即时性、社交性、细分性等特点，也使其传播效果不断提升。

短视频营销是随着互联网以及短视频的发展而产生的一种新兴的营销模式，通常是以短视频平台为核心，以短视频的内容、创意等为导向，通过对短视频内容进行精心策划实现品牌塑造、商品营销等目的的一种营销形式。

与娱乐生活、运动美妆等短视频内容不同，农产品短视频主要聚焦农业、农村和农户，因此其内容大多围绕这几个方面进行策划。

（2）短视频营销内容

总的来说，农产品短视频的内容题材主要体现在以下几个方面：

① 展现新农村新风貌。在乡村振兴的背景下，农村风貌正在发生翻天覆地的变化。在进行农产品短视频营销时，可以新农村、新风貌为亮点，展示新农村的好山好水、好瓜好果，展示农村的人民生活和农家趣事，以此吸引用户的关注。

② 展现农村生活和乡情。不同的农村地区往往有不同的生活习俗和自然风光，而这些也是优秀的农产品短视频营销的内容素材。为了更好地表现农村乡情，制作短视频时可以尽量采用简洁化、场景化的构图，拍摄真实的农村生活，表现真实的情感，让用户与短视频展现的生活常态等产生共鸣，提升用户的情景代入感和主观体验。

③ 展现农产品产地和农产品。短视频营销最大的特点就是生动直观。农产品商家可以通过短视频直观地展现农产品产地的真实情况，农产品的生长、丰收的情景，农产品本身，以及农产品运输物流过程等。

2. 短视频营销的技巧

短视频的内容营销虽然不是直接的广告推销，但也需要在展示内容的过程中应用一些营销技巧，才能有效转化引入的流量。常见的内容营销技巧如设定人物、场景化展示、意向引导、消费示范等。

① 设定人物。设定人物即设置一个有辨识度、有亲和力、专业的人物形象，如回乡创业的本地人等。人物是短视频的灵魂，很多时候，用户喜欢的正是视频中的人物。在完成人物的设定后，就可以结合人物特点来展现日常种养、采摘、加工等劳作场景，既表现出人物独特的人格魅力，在用户心目中树立起独有的人物形象，还有利于品牌的树立和打造。

② 场景化展示。场景化展示即设计真实的场景来展示内容，能够在潜移默化中有效提升用户的参与感，让用户通过短视频获得实时的体验，提高用户对视频的感知度。例如，在制作水果推广短视频时实地拍摄果园、采摘现场、

发货场景等，在销售野山菌时展现野山菌的采摘、烹煮和食用等场景。

③ 意向引导。意向引导即通过语言、神态、行为等对用户的意向进行引导，并通过这种引导让用户认可视频内容，认可农产品。例如，有些农产品商家会通过“自家种的”“现摘现发”“我们这里的人都喜欢吃”等语言，表现出满足、高兴、惊讶等神态，或通过邀请朋友、客户一起享用等行为对用户进行意向引导。

④ 消费示范。消费示范实际上就是指试吃与试用。试吃、试用农产品，可以直观地向用户展示农产品的真实情况，增加用户对农产品的信任感。例如商家近距离展示水果的试吃情况，在试吃过程中生动描述水果的味道和口感，从而激发用户的购买欲望。

注意，农产品短视频的内容策划与营销并不是分开的，在实际的短视频营销过程中，二者是相互配合的。例如，短视频内容既包括农村生活和农村乡情的展现，又包括农产品产地和农产品的展现，既应用了场景化展示技巧，又应用了意向引导和消费示范等技巧，而具体如何结合使用，农产品商家可根据实际情况而定。

二、直播营销

案例分享

对云南省昭通市绥江县南岸镇的农民来说，有了“南岸赶集”，从此山不再高，路不再远——二四六，逢南岸，赶大场。

绥江南岸——大江东去的起点，互联网数据流如金沙江水浩浩荡荡，穿过层层叠叠的砂仁林，越过错落有致的花生地，落进南岸镇团结村毛坝自然村的活动广场，再通过抖音直播间流向全国各地。

“大家看，这是我们的团结小花生，颗粒饱满、口感纯正、入口回甜，喜欢的家人们请赶快下单……”12月14日中午12时，“南岸赶集”团结村专场直播开启，农民们“变身”带货主播，竹笋、茶叶、团结小花生，甚至活蹦乱跳的大肥羊，成为直播间的“主角”。3小时，场观7000多人，成交164单，销售额9640元。这些原本困于深山的“土货”，当日下午便装盒打包，发往全国各地。

近年来，观看直播已成为人们喜爱的娱乐方式之一，直播营销也因此吸引了大量农产品商家参与其中。直播营销是以直播平台为载体，在现场随着营销事件的发展，同时制作和播出视频的营销方式。在农产品电商中，对商家而言，直播营销主要用于推销农产品，通过现场展示的方式来传递农产品信息。

1. 直播营销的特点

直播营销近年来在农产品电商中运用十分广泛，电商直播强大的销售能力使得很多农产品商家纷纷开通直播来推销自家的农产品。直播营销之所以如此受青睐，主要是由于直播营销具有直观即时、销售方式直接、易产生跟风效应等特点。

① 直观即时。一般的营销方式，用户在查看信息的同时需要自己在脑海中构建场景，而直播营销可以将农产品的形态、加工过程等直观地展现给用户，也能够让用户了解农产品真实的生长、种植、养殖，以及后续的加工情况，构建真实的场景，使用户拥有更丰富的购物体验。另外，直播营销不会对直播内容进行剪辑和加工，播出的内容与用户所看到的内容完全一致，可以打消用户对于食品安全的顾虑，增强用户的信任感。

② 销售方式直接。直播营销可以更加直观地通过主播的解说来传递各种优惠信息，搭配现场促销活动，可极大地刺激用户的消费热情，提升营销效果。用户可以在观看直播的同时，直接点击农产品链接购买，无须另外搜索，不仅提升了购物体验，也可以促进用户成交。例如，在快手上，点击直播间下方的“购物车”链接，即可在打开的页面，查看直播间销售的各种农产品。

③ 易产生跟风效应。一般来说，价格实惠的农产品往往容易让用户产生临时性、冲动性的消费行为。在直播平台上，只要有用户在直播间购物，直播界面左下角就会显示，因而可以在直播间营造一种浓厚的购物氛围。再加上主播的营销话术和低价等手段的运用，用户往往会产生一种紧迫感和从众心理，进而做出超出自己预期的购买行为。因此，直播营销有助于提高农产品销量。

2. 直播营销的前期准备

在很多直播平台上可以看到，一些直播间的主播一味地对着镜头介绍农产品，营销效果非常不理想。实际上，直播营销不等于简单地介绍农产品。在正式直播前，农产品商家等要做好直播营销的前期准备，使直播能够有条不紊地开展，吸引更多的用户关注直播内容，这样才有利于达到更好的直播效果，有效增加农产品的销量。

（1）找准目标用户群体

农产品商家在正式直播前的准备阶段，需要先找准直播的目标用户群体，即直播营销中的买方，明确目标用户群体的年龄分布、经济消费能力、直播观看时间段、利益诉求、潜在需求等。

① 年龄分布。年龄分布指目标用户群体的各年龄段和占比，明确年龄分布有助于进行有针对性的营销。例如，某农产品商家在直播营销时经过筛选，将目标用户群体定位为25~45岁的女性，并进行了有针对性的营销，取得了很

好的效果。

② 经济消费能力。目标用户群体的经济消费能力影响着用户愿意为直播投入的时间、精力和金钱，一般来看，经济消费能力高的用户愿意为直播投入的时间、精力会相对较少，但金钱会相对较多。

③ 直播观看时间段。不同用户群体观看直播的时间段是不同的，农产品商家要想获得不错的直播效果，应选择恰当的直播时间段。这样可以保证有足够数量的目标用户群体观看直播，以提高农产品的成交量。一般来说，生鲜类农产品大多选择白天直播，海鲜类农产品选择夜间直播，而农副产品类则可以选择从下午到夜晚的时间段直播。在确定直播的时间段后，农产品商家还可以发布动态，征集粉丝的意见，确定具体开播时间。

④ 利益诉求。目标用户群体观看直播一般都具有目的性，期望在观看直播时有所收获，如快乐的心情、高性价比的农产品等。

⑤ 潜在需求。目标用户群体除了明确的利益诉求，还有未曾被挖掘或发现的需求。例如，某茶叶商家在直播时详细介绍了绿茶和红茶的适宜人群，某用户通过该介绍确定了自己适合喝红茶，对相应的红茶产品产生了需求，该需求就是用户自身未曾被挖掘的。

（2）控制直播产品

整个直播流程中，与农产品相关的事项包括农产品的选择、价格设置，以及质量控制和售后处理，这其中的每一项都会影响用户对农产品的评价。

① 农产品的选择。直播农产品的选择能够影响直播的最终销售效果。一般来讲，在选择直播农产品时，农品商家应当考虑农产品本身、价格、复购率和运输等方面的因素。

农产品商家在选择直播农产品时，可以选择大众化的农产品，如苹果等，这类农产品往往具有老少皆宜的特点，目标消费群体广泛，市场容量大，更容易带来足够多的销量，但这也意味着，这类农产品的竞争压力大。因此，农产品商家选择的农产品应当和同类农产品有差异，并且具备一定的特色。例如，选择一些与众不同的地方特色农产品，这类农产品因其独特性，可以很好地吸引用户的目光，如重庆城口老腊肉、药闫粉丝等。

② 价格设置。在直播卖货的过程中，虽然用户可能基于信任购买农产品，但要想长期保证直播的竞争力，就要借助有竞争力的价格。例如，某知名主播长期以行业较低价销售农产品，从而建立了竞争壁垒，获得了稳定的用户群体。因此，农产品商家在设置农产品价格时，也需要综合比对和分析。

③ 质量控制和售后处理。质量控制和售后处理很大程度上决定了用户的复购率，而复购是农产品电商营销的关键。因此，农产品商家要把好农产品的来源关，建立稳定、可信、品质有保障的供应商渠道，确保农产品质量稳定、

数量供应及时，同时做好售后服务，及时跟进订单、处理用户反馈。

（3）布置直播场景

用户进入直播间后第一眼看到的就是直播场景，会产生对直播间的第一印象，直播间的视觉效果影响着用户观看直播的体验，关系着直播营销的效果。因此，布置一个合适的直播场景尤为重要。一般来说，直播场景分为室内场景和室外场景两种。

① 室内场景。室内场景包括办公室、室内发布会、直播室等，适合农产品体验、种植培训等直播主题。室内场景的背景分为两种，一种是实体背景，另一种是虚拟背景。布置实体背景时可直接利用墙面本身的颜色、张贴贴纸或重新搭建背景。布置虚拟背景时需准备蓝幕或绿幕（一般采用绿幕）作为直播的背景，然后将绿幕替换成想要的背景。在布置室内场景时，背景墙应当尽量简洁，颜色以浅色、纯色为主，以突出主播和农产品。除此之外，摆放的农产品应当整齐且不拥挤。另外，为保证直播的收音效果，直播现场应保持较安静的状态。

② 室外场景。室外场景主要指农产品的生长场地、打包场所等。当前，越来越多的农产品商家将直播场地搬到田间、蔬菜大棚、养殖场等。例如，某菜籽油商家为销售菜籽油，就直接在自家的油菜种植园和榨油厂（室外）直播，带领用户近距离观看菜籽的收割、清理、软化、轧胚、蒸炒、预榨、过滤、包装、发货等过程，不仅给用户带来了有吸引力的沉浸式体验，还提升了用户的信任度。

（4）调试直播布光

在室内场景进行直播时，农产品商家往往还需要调试直播间的布光情况，以获得良好的直播效果；在室外场景进行直播时，农产品商家可以使用自然光源，并借助一定的辅助光源，以提升直播效果。一般来说，直播的主要光源有主光、辅助光、轮廓光、顶光和背景光。

① 主光。主光是直播间的主要光源，发挥主要的照明作用，能够使主播脸部均匀受光。一般放置在主播正面、高于头顶的位置，需要从直播设备镜头上方45°的位置照射，以模拟太阳光。在室外场景直播时，一般直接利用太阳光作为主光。

② 辅助光。辅助光用于辅助主光，能够增加人物的立体感，突出主播侧脸轮廓。一般从主播侧面90°的位置打光；也可以从主播左前方45°的位置打光，增强面部轮廓的阴影，打造立体感；还可以从主播右后方45°的位置打光，与前侧光产生强烈反差。

③ 轮廓光。轮廓光是从主播身后照射的光源，能突出直播的主体。

④ 顶光。顶光需从主播上方打光，增加背景和地面的照明度。在室外直

播时，太阳光同样可达到顶光的效果。

⑤ 背景光。背景光也叫环境光，能照亮背景，让室内光线均匀散布，但要求背景简单。

农产品商家在调试直播间布光时，可以根据直播场地、直播目的等，选择合适的光源，尽量为用户呈现真实的农产品，避免与实物差别太大，否则会引起用户不满，甚至影响农产品商家的信誉。

（5）策划直播脚本

策划直播脚本是农产品商家必做的一件事，这不仅有助于农产品商家理顺直播营销思路，还能明确直播营销的实施流程。直播脚本策划主要包括目标的制定、直播形式的确定、直播文本和宣传文本重点的明确、人员的分配、时间节点的确定、成本的预算等工作。好的开始是成功的一半，前期准备工作如果策划得当且推进顺利，整个直播营销便成功了一半。

① 制定直播营销目标。针对直播营销制定的目标一般为短期目标，如直播当天应达到的销售额、直播后应增加的粉丝数等。

② 确定直播形式。直播形式包括自主直播、邀请知名人士进行专场直播等。

③ 明确直播文本和宣传文本的重点。直播文本和宣传文本的重点不一样，直播文本强调直播的内容，具体表现为主播的话术；宣传文本强调农产品商家及品牌。

④ 分配人员。农产品商家需提前对参与直播的人员进行分组以及职能规划，以确保可以在规定的时间内完成直播，具体可将人员划分为文案编辑组、外联组、道具组、摄制组等小组，且应确保每个小组都有可对接的负责人。

⑤ 确定时间节点。直播的每一环节的时间节点都应在脚本中明确，以便实时调整直播的进度。

⑥ 成本预算。在脚本中应针对直播总成本及各环节成本进行预算，以便更好地管理直播成本，避免成本过高。

（6）准备直播物料

在正式直播前，农产品商家还需要准备直播的设备、直播过程中需要展示的农产品，以及控制直播时间的节奏表，保证直播能顺利完成。

① 直播设备。通常情况下，农产品商家可以直接使用手机进行直播，因为手机更方便携带，且能适应大部分直播场景，如山地、田间、果园等。此外，直播时还需要手机支架、电容麦克风、声卡等，以增强直播效果。如图 4-1 至图 4-3 所示。

② 直播农产品。在直播前，农产品商家需要按照规划，把直播过程中需要用到的农产品准备好，让用户感受到直播过程的专业性，减少不必要环节造

图4-1　大型直播间设备

图4-2　中型直播间设备

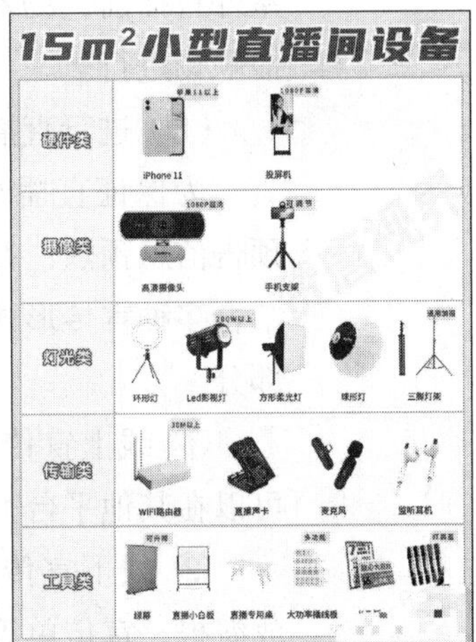

图4-3　小型直播间设备

成的时间浪费。同时，直播中预计展示农产品的详细信息要提前准备好，包括价格、库存数、产地、发货时间等。除此之外，直播过程中还会经常对比同类农产品，以加深用户的记忆。这种情况下，农产品商家也要提前把对比过程可能会用到的工具准备好。如果有助播或嘉宾，还应该提前准备好重要环节的串词。

③ 直播节奏表。直播节奏表通常是打印好的直播内容安排时间表，让主播和用户都能明确直播进度。农产品商家可以购买直播专用的小白板，直观地展示整体节奏和打折促销等信息。

（7）做好直播测试

在正式直播前，农产品商家应先进行一轮完整的测试，了解直播间功能，测试直播过程等，从而保证直播顺利开展。

① 了解直播间的功能。直播平台很多，直播间的功能都大同小异，这里以抖音直播间为例进行介绍。抖音直播间的功能包括主播对战（PK）、连线、互动玩法、装饰美化、关闭直播等。其中，PK功能用于与其他主播连麦互动；连线功能用于与直播间的用户连线，可与1位或2位用户连线，也可开聊天室与6位及以下数量的用户连线；互动玩法功能用于与直播间的用户互动，包括礼物投票、发放福袋等；装饰美化功能用于装饰直播间，包括美化、道具、贴纸、手势模仿和声效等；关闭直播功能则用于关闭正在开展的直播；其他功能包括镜头翻转、分享、话题、暂停直播、清晰度、录制、评论等。

② 测试直播过程。农产品商家在开始直播前，还需要测试直播场地的信号、网速、光线、收音情况，准备互动游戏、福利发放、产品上架等。尤其在

室外直播前，场外环境往往不够稳定，农产品商家需要提前测试，才能保证直播顺畅进行。

（8）进行直播预热

为保证直播时能有足够的人气，在直播前，农产品商家应该发布直播的预告信息预热，并通过第三方平台获得更多的流量。一般来说，农产品商家可结合多种宣传形式，在多个平台上宣传，具体可分为线上宣传和线下宣传两个部分。

① 线上宣传。在线上宣传时，农产品商家可以在直播平台站内宣传，也可以在其他平台上宣传。

② 线下宣传。农产品商家还可以在线下门店、体验店、专卖店等，以发放海报、宣传单等方式，借助直播活动的亮点环节或优惠策略等，宣传推广直播活动，吸引用户了解直播活动，关注直播间。但需要注意，在线下宣传时，工作人员应充分了解直播的流程，以便向用户介绍。

3. 直播营销的技巧

农产品商家在利用直播营销农产品时，需要不断积累、学习，以掌握更多的直播知识，吸引更多用户，达到更好的直播效果。一般来说，农产品商家可以从设计直播标题与封面、打造具有吸引力的主播、掌握直播话术，以及吸引和维护直播间粉丝等方面，积累直播相关的知识、经验。

（1）设计直播标题与封面

在整个直播流程中，直播的标题与封面决定了用户是否会对直播内容产生兴趣，从而影响直播间的观看人数。农产品商家要想吸引用户观看直播，就应设计出具有吸引力的直播标题与封面，增强用户进入直播间的意愿。

① 写作标题。在写作直播标题时，要直接体现出直播主题，将农产品名称、特色、优势等展现出来，以吸引对此感兴趣的用户。例如，“慈溪的杨梅熟了，酸甜解渴，你吃过吗?”这个直播标题就直接展现了农产品的品种和特点，更容易吸引喜欢杨梅的客户的注意。

② 设计封面。封面可以更直观体现直播主题。农产品商家在设计直播封面时，可以结合有人、有产品、好看和好玩的基本原则，设计出贴合直播主题的封面。

（2）打造具有吸引力的主播

主播是直播的重要组成要素，直接影响着直播效果。打造具有吸引力的主播，可以更好地帮助用户了解农产品，促使用户对农产品产生兴趣。

① 农产品主播的定位。在定位农产品主播时，可以根据直播间粉丝群体的画像、农产品的特色、平台用户整体调性等综合考量。例如，某直播间的直播内容以田间的劳作、现场售卖农产品为主，那么其主播就可以定位为质朴、

老实的农家人。

此外，农产品主播的特质，如性格、气质、外形、技能、知识面等，要与同类主播有差异，才能形成个性化的主播标签，提高对用户的吸引力。例如，某花草农产品商家的主播对种植植物十分有心得，那么就可以突出该主播的知识面广，能帮助用户了解更多种植方面的知识，如让主播当场示范浇水、换盆等操作，并有针对性地回答用户提出的问题，从而提升用户的好感度，增加农产品的销量。

② 农产品主播需具备的素养。合格的农产品主播需要具备表达力、专业性和人格魅力等，以保证直播时做到表达清晰、讲解专业，并能通过个人特质吸引用户。

表达力是指表达流畅、说话有条理、语言有感染力，这是主播的基本素养。农产品主播在向用户介绍农产品时，不仅要说清农产品的特点和优势，还要注重语言的趣味性和吸引力，能够用场景化的语言向用户形象地传达农产品的各种信息。

专业性是指主播应具有足够的直播能力和农产品销售能力。首先，主播应十分了解农产品，熟知农产品的基本信息和卖点，如产地、品相、食用方法、生长环境、保存方法等。其次，主播应了解农产品所在行业的情况，了解农产品的分类及市场价格，了解农产品在市场上的优势和不足，能够通过对同类农产品的价位对比、优缺点对比等方式，凸显自家农产品的优势。再次，针对直播时用户可能提出的问题，提前准备好答案，以便在直播时能够从容应对用户，加强用户对主播的信任，提高用户下单购买的概率。最后，主播还需要了解农产品的目标用户群体的需求，从而在直播过程中直指用户痛点有针对性地介绍农产品，精准触达用户，提高直播转化率。在介绍农产品时，主播需要实事求是，不能欺骗用户。

人格魅力是指主播本身或打造的人设应具有吸引用户能力的特质，如直率、坦诚、幽默、风趣等。这些人格魅力不仅可以吸引用户的注意，使用户关注主播，还可以让用户对主播产生信任感，从而放心地购买主播推荐的农产品。

③ 掌握直播话术。直播话术可以帮助主播更自然地介绍农产品。一般来说，包括信任型话术、展示型话术、活动型话术、引导型话术和感谢话术。

信任型话术主要用于取得观看直播的用户的信任，是取得良好营销成绩的基础。在直播过程中，主播需要让用户信任自己，进而增强对农产品的信任。一般来说，信任型话术可以先点出用户的疑惑，然后通过展示农产品的相关信息，解答用户的疑惑，打消用户的顾虑。

展示型话术用于向用户介绍农产品，帮助用户全方位地了解农产品。展示型话术需要结合当下情景，围绕农产品本身展开，如镜头中展示的是农产品的品相，就应介绍该农产品的品相标准等。

活动型话术是指直播过程中往往会通过活动引起用户的兴趣，因此，活动型话术也是一种十分重要的直播话术，主播需要向用户介绍此场直播的活动信息，如买 5 送 2 等，此类话术可以很好地激发用户的购买欲望。

引导型话术是主播需要掌握的关键话术，包括：引导用户关注直播账号的话术，如“还没有关注主播的小伙伴点上面，‘点亮我’关注主播哦”“喜欢主播的可以帮忙关注并分享一下哦，点击分享到朋友圈，或者分享给好友都可以哦”；引导用户互动的话术，如“各位小伙伴想要绿茶还是红茶呢？想要绿茶的回复 1，想要红茶的回复 2”；引导用户下单的话术，如“我朋友都在我直播间买过很多次这个芒果了，亲测好吃，大家放心买，点 14 号链接就可以买”。

感谢话术是在直播过程中，许多用户还会为直播间打赏，或者给农产品好评等。对于这些行为，主播都可以用感谢话术来回应用户，让用户有被重视的感觉，从而更积极地参与直播。

（3）吸引和维护直播间粉丝

在直播营销的过程中，需要吸引粉丝，获得流量，以实现销售。此外，还要对吸引来的粉丝进行维护，将其转化为忠实粉丝，以支撑直播营销的长期开展。

要吸引直播间粉丝，就要取得粉丝的信任。粉丝只有产生了信任感，才会持续关注直播间，并产生互动及购买行为。在获取粉丝信任的同时，农产品商家还要注重提升直播价值，坚持进行多平台的宣传推广。

维护直播间粉丝。拥有粉丝之后，如果不能很好地维护粉丝，也会造成粉丝的流失。一般来说，农产品商家可以采用以下方法维护直播间粉丝：创建粉丝群，设置群介绍并做好日常管理；完善粉丝群资料和制度，建立良好秩序；定期互动，发红包；点赞、评论，展示生活方式；发视频、音乐等，打造轻松氛围。

三、微信营销

1. 微信朋友圈营销

微信朋友圈于 2012 年上线，是个人展示形象的常用窗口，也是微信个人号营销的一大重要途径。农产品商家可以通过朋友圈宣传农产品，还可以通过与用户交流和互动来激发用户的购买欲望。农产品商家要想发挥朋友圈最大的营销价值，就要学会经营微信朋友圈。

（1）开展活动

活动是影响微信朋友圈营销效果的关键因素。农产品商家可以开展一些活动，通过微信朋友圈进行营销，从而达到为微信个人号引流，并促进农产品销售的目的。

在微信朋友圈中可以开展的活动众多，农产品商家可以根据营销需求选择合适的活动。比如：免费试吃活动、满赠促销活动、集赞有奖活动等。

农产品商家明确了活动类型后，需要根据实际情况进行策划。微信朋友圈活动的策划流程包括以下几个步骤。

① 明确活动目标。明确活动目标是开展微信朋友圈活动策划的第一步，农产品商家要明确目标才能开展后续的策划工作。一般来说，微信朋友圈活动的目标主要包括引流和促进农产品销售等。

② 明确活动对象。活动对象即微信好友，可以是初次添加自己为好友的用户，也可以是购买过农产品的用户。明确了活动对象后，农产品商家就可以着手了解他们的喜好，分析他们更愿意参与的活动形式。根据活动对象的偏好和习惯等来设计活动，并确定活动方式，最大限度地保证用户参与活动的积极性，这也有利于后续活动的开展。

③ 设计活动玩法。活动玩法要紧扣活动目标，在设计活动玩法时要充分考虑活动对象的偏好和习惯、农产品的特性，多设计创新玩法。

④ 物料制作。微信朋友圈活动的物料制作主要包括朋友圈海报、活动视频或朋友圈文案的制作等。

⑤ 活动发布。农产品商家可以在发布活动前预热，如提前在朋友圈发布相关活动预告，然后选择一个高峰时段正式发布活动信息。

⑥ 活动跟踪。活动跟踪包括对活动进程、活动效果的跟踪，也包括对用户反应、用户评价的跟踪。做好活动跟踪有助于为用户提供良好的活动体验。如果在活动过程中出现偏差或产生负面影响，也可以及时纠正和控制。

（2）结合日常

不少用户认为微信朋友圈是比较私人的地方，不想看到太多广告和推销信息，否则易产生厌烦感。农产品商家若在朋友圈频繁地发布推销农产品的信息，可能会被很多用户屏蔽或删除。为了不引起用户的反感，农产品商家可以结合自己的日常生活，在朋友圈中分享生活中的趣事。

在朋友圈中自然而然地融入自己的农产品，让用户在潜移默化中了解农产品，更易被接受。这些日常生活式的朋友圈看似没什么价值，实际上十分有利于农产品营销。因为一方面它有利于形象的树立，让用户觉得农产品商家有趣、有亲和力；另一方面也能在用户面前推销农产品，但又不令人反感。

另外，每个人在日常生活中都会有一些感悟，可用文字把这些感悟描述出来，分享到朋友圈中，如果用户有类似经历，那么能在一定程度上使他们产生情感共鸣。或者可以将一些好玩、有趣的事情分享出来，这些事情可以是自己的创作，也可以是网上的段子，这样可以娱乐他人，加深用户的印象。

（3）展示评价

用户购买农产品后常常会对农产品的口感、包装、新鲜度等进行评价，这些评价的内容也可以作为农产品商家的推广信息来展示。消费评价是农产品质量、售后服务、品牌形象等的真实反映，是体现用户购物体验的一种很直观的途径。农产品商家可将这些反馈信息整理出来，以文字或图片的方式发布在朋友圈中，让更多的潜在用户了解农产品的正面形象。

（4）借用热点

热点包括当下的热门话题、新闻、节假日等。互联网经济时代，热点的传播速度非常快，这些事物能满足用户的好奇心，赢得他们的关注。农产品商家可以利用这些热点，增加自己的农产品热度。

农产品商家可以专门去各大平台（如微博热搜榜、百度热搜榜等）收集整理热点，并分享到朋友圈中，给用户一种新鲜感，同时更容易增加用户对农产品的关注。需要注意的是，融合热点并不是盲目跟风，而是借助热点寻找能宣传植入自己农产品的契机。

2. 微信社群营销与运营

案例分享

老字号是指历史悠久，传承独特产品、技艺、服务和理念，取得社会广泛认同的品牌，蕴含着深厚的中国传统文化、礼义道德以及商业诚信。目前，经商务部认定的上千家中华老字号平均有160多年的历史。

如今，市场竞争激烈，一些百年老店因各种原因没能与时俱进，逐渐消失在历史长河中。据统计，中华老字号企业从20世纪50年代的上万家减少到现在的上千家。

社会经济快速发展，很多老字号却未能跟上时代步伐，一些老字号几乎被新品牌淹没，甚至被扣上“老”“旧”“土”的帽子。问题的成因，主要是一些老字号企业在经营管理的思维层面存在惯性和惰性，惯于守旧，创新的动力、能力不足，大多停留于较传统的作坊式或家族式运营模式。相较于现代企业，缺乏社会资本、管理团队、营销策略等方面的战略思维与执行能力。

为促进老字号创新发展，释放老字号消费潜力，商务部等8部门发布《关于促进老字号创新发展的意见》，从加大老字号保护力度、健全老字号传承体系、激发老字号创新活力、培育老字号发展动能4个方面提出了13项意见。

一改往日单一陈旧的营销模式，许多老字号运用热门短视频、线下展会、线上直播、打造新的品牌形象（IP）、邀请专家学者同台论道等方式，有针对性地进行市场化营销推广。

自建直播团队、开发微信小程序商城，尝试社群营销，苏州稻香村线上营销的组合拳玩得风生水起；谭木匠副总裁走进直播间讲解多款梳子背后的制作工艺及其文化寓意，吸引了百万网友；海鸥手表公司总经理走进设在天津总部和博物馆里的直播间，与203万网友分享了海鸥的发展历程，直播带动店铺单日销量增幅超过320%。

起源于浙江嘉兴地区的五芳斋开始只卖粽子，后来开展年轻化营销，将以前的单品粽子延伸为包括月饼、汤圆、青团等多种类型在内的产品结构。

运用高科技制作出独一无二的满足当下消费者需求的新产品也是老字号创新的内容之一。中药老字号同仁堂历时多年打造了大健康超级IP概念店。该店运用高科技，设置了“24H不打烊”的无人售药机。一台无人售药机可以容纳9000个单品药物，在自动化机械臂操作下，从下单到拿到药品，仅需45秒。这家IP概念店深受消费者欢迎。

社群营销与运营是一种基于圈子和人脉的营销模式，通过将有共同兴趣爱好的人聚集起来的方式打造一个共同兴趣圈并促成消费。实质上，社群营销与运营是一个口碑传播的过程，其人性化的营销模式不仅广受用户欢迎，还可以通过用户口碑继续将有共同兴趣爱好的人汇集起来，扩大口碑传播范围，让原有用户成为传播者。在各种社群平台中，微信社群的活跃度非常高，微信社群营销与运营也被很多农产品商家采用。

（1）微信社群构建

进行微信社群营销与运营前，要先建立一个结构完整的微信社群，在拥有一定数量的粉丝后，再继续完善微信社群结构。在保证社群持续性输出能力的同时，还要不断为用户创造价值，与用户建立坚实的感情联系和信任关系，形成自运转、自循环的经济系统，让微信社群持续壮大、复制、分化出更多的微信社群。

① 明确建群目标。方向往往决定最后的结果，建群目标也决定着微信社群的营销效果。简单来说，明确建群目标也就是明确为什么要建立微信社群，是想销售农产品，还是想与用户互动、聊天等。一般来说，农产品商家的建群目标包括销售农产品、拓展人脉、打造品牌、扩大影响力等。

② 引入社群成员。微信社群由一群有共同兴趣、认知、价值观的成员组成，社群成员在某方面的特点越相似，就越容易建立起情感联系。因此，在引入社群成员前，农产品商家需要明确微信社群要吸引哪一类人群。例如，团购有机蔬菜的微信社群，吸引的是关注食品健康和安全的人群；美食制作分享的微信社群，吸引的是热爱制作美食的人群等。对于农产品微信社群，农产品商

家可以在用户分析的基础上确定微信社群的目标用户群。

具体来说，在引入社群成员时，可以采用以下方法。在热门微博留言区巧妙地利用语言，将微信社群的特点、主打农产品、活动预告进行简明扼要的介绍，然后引导用户联系自己，并将其引入微信社群；录制富有吸引力的短视频，以短视频的形式吸引用户加入社群；找到与微信社群定位相符的短视频或文章，然后在评论区发布评论，留下微信社群的入群方式，引导用户加入；在微信朋友圈、微博等平台通过发放红包或赠送奖品的方式吸引用户加入微信社群，但需要注意，农产品商家不可过分依赖红包、奖品等方式吸引用户加入，这种方式不利于社群的长期发展；在知乎等问答平台回答与农产品有关的问题，然后引导用户加入微信社群，以了解更多有关农产品的知识；在京东、淘宝网等电商平台的购物社区积极回答用户的疑问，然后引流到微信社群。

③ 搭建社群组织架构。微信社群营销与运营不等于简单地将用户引入群里，还需要搭建分工明晰的组织架构。对于一个优秀的微信社群，成员应包括社群创建者、社群管理者、社群参与者、社群开拓者、社群分化者、社群合作者和社群付费者等角色。只有为微信社群搭建好了良好的组织架构，才能处理好微信社群成员的关系，形成正向的内部循环，微信社群才能持续运转下去。

社群创建者是社群的初始创建人，一般为具有人格魅力、专业技能、出众沟通能力的人员，应具有一些吸引用户加入微信社群的特质，能够对微信社群的定位、发展、成长等进行长远且正确的规划。

社群管理者就是社群中负责管理各项事务的人员，与企业中的管理者类似，如总经理、行政主管、行政组长等。社群管理者应具备良好的沟通、协调、决策与执行能力，有大局观，能公正严明、以身作则。成熟的社群应拥有层级完整的管理团队，不同层级的管理员对不同方面的任务和内容进行管理。社群管理者一般分为 5 个层级：总管理、副管理、管理组长、管理人员、管理助手。

社群参与者即社群中普通成员，其个性多样化，能参与社群活动和讨论。引入不同个性的社群参与者往往能激发社群的活跃度，提高社群成员的参与热情，保证社群健康长久地发展。例如，引入性格活泼的社群成员可以调节社群内的气氛；引入行业内较有影响力的专业人士可以促进社群成员踊跃发言。

社群开拓者是社群的核心发展力量，具备能谈判、善交流的特质。社群开拓者可在不同平台对社群进行宣传，为社群注入新鲜血液，并促成社群的各种商业合作。

社群分化者是社群大规模扩张的基础，指能将新社群发展起来，开拓子社群的人员。社群分化者一般具有非常强的学习能力，能够深刻理解社群文化并参与社群建设，是社群裂变的关键人员。

社群合作者是与社群彼此认同、具备同等资源，以及互惠互利的组织或农产品商家，他们与社群的关系可以是资源互换、经验共享、财力支持等。

社群付费者就是通过缴纳一定的费用加入社群的成员，能为社群的发展提供资金支持，能积极参与社群的活动，保障社群的活跃性。

（2）设置社群规则

要想保证社群的长期发展，就需要制定与社群定位相符的规则，约束社群成员行为，并在实际运行中对规则进行验证与完善。对于农产品社群，需要设置的社群规则主要包括入群规则和日常规则。

① 入群规则。社群想要快速发展，就要吸引用户加入社群，成为社群成员。为保证社群的顺利发展，在引入社群成员时，要设立一定的门槛，淘汰不符合规则的人群，避免后期出现大量不活跃成员。

② 日常规则。用于规范社群成员的日常行为，包括名称规则、交流分享规则、淘汰规则等。

名称规则用于规范社群名称和社群成员名称，能够使新成员在第一时间了解社群及社群成员的基本信息，帮助新成员快速融入社群。

交流分享规则即社群成员在社群交流、分享活动中应遵守的规则，包括交流规则和分享规则。设置交流分享规则可以保证社群良好沟通，促进信息的传播，加强社群成员的互动，提高社群活跃度，促进社群发展。在设置交流分享规则时，农产品商家应注意：交流规则应包含交流礼仪、交流疑问解决、交流争论解决、交流处罚、投诉渠道等多方面的内容；分享规则应包含分享疑问解决、分享处罚、分享争议讨论、分享礼仪等方面的内容。

淘汰规则针对影响社群正常发展的各种行为，如发布垃圾广告、辱骂他人等，设置犯规的次数与处罚力度，将情节严重者移出社群，以维持社群的正常秩序。

（3）保持社群活跃

活跃度高、凝聚力强的社群往往能够存活得更久，社群营销与运营的效果也会更好。一般而言，可从新用户入群、社群分享、社群线下活动、社群打卡、社群文化等方面增加社群活跃度和凝聚力，增强社群成员黏性，引导社群成员不断为社群创造价值。

① 新用户入群。新用户代表了新的活力。新用户如果在加入社群后，没有受到欢迎或者无法快速融入，很可能就会选择离开社群或打开“消息免打扰”模式。要让新用户保持活跃，就需要通过提供福利和表示欢迎等手段让其产生归属感。

提供福利。为新用户提供专属福利是增强新用户黏性的有效方式，福利可以是物质福利，也可以是虚拟福利。物质福利主要是购物福利，如优惠券、赠品、免费试吃权益等；虚拟福利包括积分、金币等。

表示欢迎。在新用户入群时，群主或管理员可以号召社群成员对其表示欢迎，并向其解释社群的创建原因、社群能够提供的价值等，让新用户有一种被重视的感觉。

② 社群分享。建立一个微信社群，如果每天在群里分享各种广告，那这种社群就缺乏核心价值，对社群成员的吸引力较弱，很容易被社群成员厌倦。也就是说，在社群刚开始建立时，首先应做的不是推销农产品，而是提供价值，社群分享就是提供价值的有力手段。社群分享指向社群成员输出知识、心得等有价值的内容，或社群成员之间围绕某一话题进行讨论，一般包括核心人物分享、嘉宾分享和内容成员分享。

核心人物分享。核心人物是指在社群中占据主导地位的成员。核心人物能够利用其在某一领域的影响力，吸引感兴趣的用户加入社群，同时通过号召力来推销农产品。

一般而言，社群成员对社群核心人物比较信任，因此由核心人物来推销农产品会使得社群成员减少很多品质、售后方面的顾虑，从而起到非常好的营销效果。例如，某美食短视频“达人”以性格耿直豪爽、说话算话的人格魅力收获了大量的粉丝关注，建立自己的社群后，凭借着自己在社群中的号召力向社群成员推荐了很多物美价廉的水果，取得了不错的销量，并进一步提升了自己的口碑，为后续的社群营销打下了坚实的基础。

嘉宾分享。即当社群拥有足够的吸引力或资金后，邀请社群外的其他专业人士进行分享。社群具有一定规模时，可以邀请一些专业人士在群里进行与农业、农产品等相关的分享，并植入营销信息。例如，农产品商家可以通过冠名等方式在群里开设养生食品类网络直播课程，在分享养生食疗知识的同时植入农产品或品牌方面的营销信息。

开展嘉宾分享前，可以通过各种渠道进行宣传，吸引新的成员加入。分享过程中，主持人首先要对分享内容、分享嘉宾等进行介绍，为分享活动暖场，营造良好的氛围，引导社群成员提前做好倾听准备，充分调动社群成员的积极性，让社群成员参与互动，必要时可以提前安排活跃气氛的社群成员发言，避免冷场。在分享期间或分享结束后，有必要对分享活动进行总结，将比较有价值的交流内容整理出来进行分享和传播，并引导社群成员前往微博、微信朋友圈等平台宣传，扩大社群的影响力。

内容成员分享。即社群成员自身进行信息的分享。与前两种分享方式不同，这种分享方式需要群主或管理员的引导。为了让社群成员对农业、农产品等有更深入的认识，群主或管理员可以定期策划一两个与农业、农产品等相关的话题分享会，然后在分享过程中适时地植入农产品广告。

在确定分享的主题后要约定一个大部分社群成员都认同的时间作为分享时间，然后通过群公告等方式加以通知，确保更多社群成员了解活动，并参与进来。每次开展分享活动前，都需要提前制定好规则，并安排好话题组织者、主持人、控场人员等角色。在整个过程中，当出现偏离交流主题甚至是无意义内容时，控场人员应该及时将话题拉回主题，控制场面，并对不配合的成员予以警告。分享结束后，可以设计一些福利环节，为表现出彩的社群成员赠送一些福利，吸引更多社群成员参与下一次分享活动。

③ 社群线下活动。在互联网时代，线上线下相结合是一种更有效的营销与运营方式。不定期地开展社群线下活动，可以让社群成员更有归属感，也可以使社群成员之间的关系从单纯的网络好友变为现实好友，关系更牢固。

社群线下活动包括核心成员聚会、核心成员和外围成员聚会、核心成员地区性聚会等。核心成员和外围成员聚会人数多，组织难度大，而核心成员地区性聚会则组织方便，容易成功。社群聚会可以通过消息、视频、图片等方式将实况发布到社群或社交平台，提高社群影响力，加强社群成员黏性，持续激发社群的活跃度，刺激更多成员积极参与线下活动。

④ 社群打卡。社群打卡是培养社群成员良好的习惯，监督和激励社群成员完成任务的手段之一，可提高社群成员的活跃度。例如，某红薯农产品商家为提高社群的活跃度，决定引导社群成员在社群中打卡，发布了只要在社群中连续分享有关红薯的内容超过 90 天，就可以获得“铁粉”礼一份的消息，于是社群成员纷纷在社群中发言、讨论，参与社群打卡。要利用社群打卡的方式提高社群活跃度，农产品商家就需要鼓励社群成员坚持在社群中输出，加强成员之间的情感联系。

⑤ 社群文化。社群文化就是社群中包括目标、规则、福利、口号以及标识等在内的一种社群精神。在社群营销中，依靠社群文化进行营销，就是通过社群文化所表达出来的氛围，使用户对社群产生好奇心理，吸引用户自发了解社群，提高社群的活跃度。建立社群文化，可以从加强社群成员信任、明确社群标签和树立社群价值观等方面进行思考。

四、微博营销

作为新媒体时代的热门社交工具之一，微博深受用户喜爱，众多企业和农产品商家也从中看到商机。近年来，在微博中开展农产品营销的案例屡见不鲜，如成县核桃、礼县苹果等都取得了非常显著的效果。在开展农产品微博营销之前，企业或农产品商家首先需要对微博账号进行设置，确定微博账号的定位，使用户在看到微博账号时就能初步了解大概情况。

1. 了解微博账号类型

微博具有特色鲜明的传播模式与特征，企业或农产品商家只需注册一个账号，就可以在电脑端或移动端发布和接收微博信息。根据使用目的和作用不同，微博账号可以分为个人微博、企业微博、政务微博、组织机构微博等类型。了解微博账号的类型有助于农产品企业和农产品商家选择适合的账号类型，开展具有针对性的营销。

（1）个人微博

个人微博是数量最多的微博账号类型，许多农产品商家会选择注册个人微博账号开展微博营销。利用个人微博开展农产品营销时，可通过分享农产品的生长过程、日常养护等，也可以通过生活中的趣事、抒发感悟或转发喜欢的内容，以引起用户的注意，吸引用户关注，扩大个人微博的影响力。

（2）企业微博

企业微博就是企业的官方微博，是基于微博出现的、作为商业化网络工具的微博账号类型。企业微博可以帮助农产品企业进行客户关系管理，了解客户需求，找到新客户并与之互动，丰富客户数据库；也可以进行各种营销活动，制造与农产品企业有关的热点话题，将消息有效地传达出去。

（3）政务微博

政务微博是指代表政府机构和官员，因公事设置的，用于收集意见、倾听民意、发布信息、服务大众的官方微博。政务微博不具有营利目的，只用于政务机关发布信息，与公众进行良性互动，是进行社会化网络参政、议政、问政的网络交流平台。

（4）组织机构微博

组织机构微博指学校、机构、组织开设的官方微博，可用于发布重要决定、与用户沟通等。组织机构微博在教育教学、危机公关等方面发挥了重要作用。

2. 微博营销内容的策划

文字、图片、视频等都是微博营销内容的常用元素，农产品商家可以利用这些元素编写短微博、头条文章等。微博营销内容创作完毕后，若想让营销效果达到最大化，农产品企业和农产品商家可以利用超级粉丝通、粉丝头条等微博产品将营销信息精准地发布给目标用户，以有效吸引用户注意，激发用户参与分享、传播，扩大农产品或品牌影响力。

（1）微博营销内容的写作

根据内容表现形式的不同，微博营销内容包括短微博、头条文章等。农产品商家在创作微博营销内容时可以选择合适的方式或结合多种方式来打造营销热度，利用具有吸引力的营销内容来抓住目标用户的目光。

① 短微博是指可以直接通过微博首页文字输入框发布，不需要思考与讨论排版的内容。短微博发布的内容一般比较随意，不要求特定的格式，大多采用文字 + 图片或文字 + 视频的形式呈现。对农产品商家来说，要利用短微博强化账号形象、与用户互动、宣传农产品，不仅可以结合图片、视频、话题等，还可以借助故事。

② 结合话题。结合话题是指微博中围绕一个主题展开讨论。话题作为微博营销的一大利器，能带来很高的讨论度。农产品商家创作短微博时可以加上话题来引发用户更大范围内的讨论和转发。如果讨论人数很多，还可能升级为超级话题，产生更广泛的传播效果，最终实现品牌曝光和农产品营销。

③ 借助故事。借助故事是人们比较喜欢的信息表现形式，故事性的短微博能让用户记忆深刻，拉近商家与用户的距离。例如，某红枣品牌在宣传时便借用了金庸小说中的情节，编写了一个具有故事性的短微博，取得较好的宣传效果。

④ 头条文章是微博的长文产品，其篇幅一般较长，包含的元素也比较多，如标题、正文内容、图片的搭配等，这些元素都会影响头条文章的阅读量。头条文章通常需要用户花费较多的时间和精力去阅读，而支撑用户阅读下去的动力，就是头条文章的内容价值。

（2）标题的写法

一个有辨识度的、具备吸引力的标题是头条文章的关键，能够直接影响阅读量和点击量。用于农产品营销的头条文章的标题，其写作方法可以参考以下类型。

① 提问式标题。提问式标题是用提问的方式来引起用户的注意，引导用户思考问题并产生阅读兴趣，如反问、设问、疑问等都是常用的提问方法。例如，“滋补又养胃的山药，究竟应该怎么选？”“南瓜贵族来啦！板栗南瓜了解一下？”

② 对比式标题。对比式标题就是将当前农产品的特性与和它截然不同的农产品的特性进行对比，通过这种强烈的对比吸引用户的注意。另外，也可以进行不同品种农产品之间的比较，借助两者之间的差异来突出自己农产品的高性价比，如“纸皮核桃对比薄皮核桃”“丑橘 = 粑粑柑？区别大了！”等。

③ 悬念式标题。悬念式标题就是在标题中设置悬念，让用户怀揣疑问，迫不及待地仔细阅读文章，从中找寻问题的答案。写作悬念式标题时，通常会将文章中最吸引人的内容放在标题中给出提示，在用户心中留下疑问，引发用户思考、诱发用户的好奇心，如“我一直不知道五谷蛋和绿壳蛋哪个的营养价值高，直到昨晚张叔跟我说了一席……”

④ 推新式标题。推新式标题重在体现新消息，能较为直白地给用户传递

新的信息，如“陕西新品种苹果，又脆又甜！”“恩施又有一批新品类富硒土豆推出！”等。

⑤ 证明式标题。证明式标题就是以见证人的身份阐释农产品的好处，提升用户的信任度，既可是自证，又可是他证。该类型标题常使用口述的形式来传递信息，语言自然通俗，如“某某亲测！这是非常健康还美味的紫胡萝卜！”等。

（3）正文的写作

头条文章的写作思路是环环相扣的，农产品商家利用标题吸引用户后，就需要通过头条文章的正文激发用户的购买欲望，促进销售转化。写作头条文章正文时可以突出农产品特色，与同类产品形成差异。在写作头条文章时，农产品商家需要站在用户的立场去思考用户关心的是什么，农产品能给用户带来什么好处。只有真正突出农产品的特色，与同类农产品形成差异化，才能打动用户，使其产生购买欲望。

3. 微博营销的方式

创作了微博营销内容后，农产品商家还需要结合一定的营销方式，来吸引用户目光提升营销效果。只有提高微博营销内容的热度，实现大范围地传播营销内容，才更容易引起用户的注意和讨论，为农产品或品牌等带来更多的流量。

（1）利用活动营销

在微博中，活动是一个万能载体。成功的营销活动往往可以为农产品或品牌等带来很多的流量，可以增加新的粉丝、提高粉丝活跃度甚至促进销售转化。对农产品营销而言，转发抽奖活动是比较常见的微博营销活动，是指转发指定微博即有机会抽取奖品的一种形式。

（2）知识补充

除了这类线上的微博营销活动，农产品商家还可以开展一些微博线下活动，如针对某一部分微博粉丝开展的线下农产品分享会、线下见面活动、线下农产品种植培训等。与微博线上活动相比，微博线下活动针对的地域与人群会更加精准，获取的用户会更加真实可靠，也可以和用户面对面交流、互动。

（3）借助粉丝头条营销

粉丝头条依托微博的海量用户与社交关系，能够帮助农产品商家快速实现博文和账号推广，农产品商家可以使用粉丝头条将指定的微博展现在其粉丝微博信息的第一位，同时能够投放给更多的潜在粉丝，有效并精准地扩大传播范围。在粉丝头条中，博文头条和账号头条都是帮助农产品商家开展营销的有效利器。

本章实训

项目四　实训提示

请同学们选择一款自己家乡的特色农产品进行网络营销。

实训要求：

① 结合所学知识，选择家乡特产进行营销，收集相关资料和数据。

② 可借助微信公众号、微信群、直播或短视频等方式进行营销。

③ 记录运营账号每日数据，并进行分析，最终生成一份实训报告。

项目五 农产品冷链物流

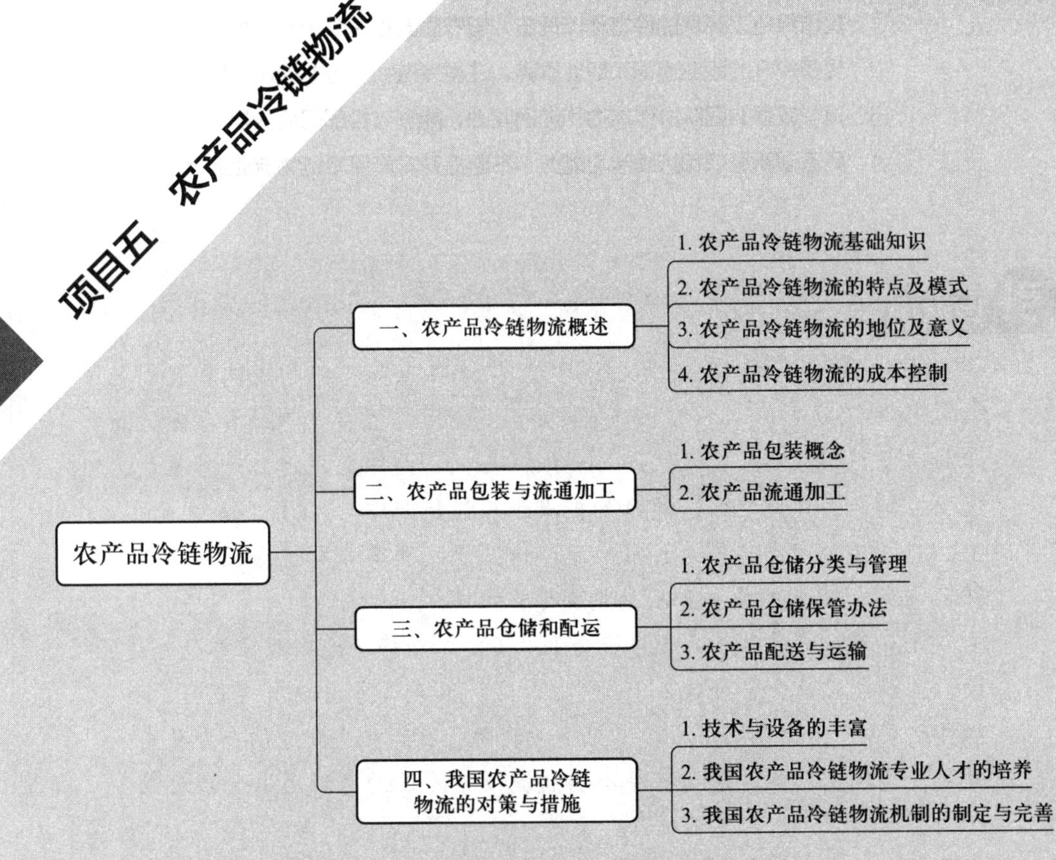

学习目标

知识目标

① 掌握农产品冷链物流的基础知识、特点及模式。

② 了解农产品冷链物流的地位及意义。

③ 掌握农产品的包装和流通加工方式。

④ 熟悉农产品的仓储办法和配送、运输方式。

⑤ 了解我国农产品冷链物流的相关政策与具体措施。

能力目标

① 会利用农产品冷链物流的不同环节进行成本控制。

② 能够为农产品冷链物流进行仓储报关。

③ 能够根据不同农产品配置不同的配送和运输方式。

④ 能够熟练运用农产品冷链物流的信息技术，提高物流效率。

⑤ 能够分析农产品冷链物流的市场需求和发展趋势。

素质目标

① 具备绿色、环保的冷链物流理念，遵守国家相关政策和法规。

② 具备良好的职业道德和职业素养，注重冷链物流行业的诚信经营。

③ 具备较强的团队协作能力和沟通能力，能够与各部门高效配合。

④ 具备创新意识和持续学习能力，不断提升农产品冷链物流业务水平。

引导案例

2021年12月，国务院办公厅印发《“十四五”冷链物流发展规划》（以下简称《规划》），提出依托农产品优势产区、重要集散地和主销区，布局建设100个左右国家骨干冷链物流基地；围绕服务农产品产地集散、优化冷链产品销地网络，建设一批产销冷链集配中心。《规划》明确提出，到2025年肉类、果蔬、水产品产地低温处理率分别达到85%、30%、85%，农产品产后损失和食品流通浪费显著减少。

近年来，中央财政共安排资金100多亿元支持产地冷藏保鲜设施建设，直接撬动社会资金投入400亿元以上。很多地方财政衔接配套，增加补贴主体、扩大补贴范围、提高补贴比例，成为中央财政的有力补充。针对用地用电，各地落实支持冷链物流设施建设的用地用电优惠政策，20多个省份专门出台本地区落实文件。针对贷款需求，各地开发了专属金融产品，累计申贷金额100多亿元。

在四川省南充市西充县，产地仓储保鲜冷链成为联结种养基地和市民餐桌的重要环节。截至2021年底，西充县已建成冷库18个，产地冷藏保鲜能力、商品化处理能力和服务带动能力获得提升。当地农业农村局数据显示，通过完善仓储保鲜冷链设施，晚熟柑橘保鲜可以延长30天至40天，青花椒保鲜可以延长3个月至4个月，蔬菜保鲜可以延长10天至15天，极大实现了错季销售，促进鲜活农产品周年供应和均衡上市。

江西省萍乡市上栗县聚焦鲜活农产品、特色农产品，推进冷链仓储物流中心、冷链物流仓储数字化平台建设。“鲜茧经低温冷藏后，能很大程度减少茧丝损失。在县乡两级支持下，我们投资80多万元建设了专用冷库，每吨蚕茧能增收3万多元。如今已在6个乡镇发展了100户养殖户，年产量80多吨，合作社社员去年户均增收1.8万元以上。”上栗县鸡冠山乡蚕丝宝专业合作社负责人黄世界说。

（摘自：《经济日报》，2022年7月29日）

想一想

①《规划》的出台，对于农产品冷链物流意味着什么？

② 以四川省南充市西充县和江西省萍乡市上栗县两个区域为例，农产品冷链物流的重要性和必要性体现在什么地方？

③ 农产品冷链物流建设可能还会面对什么的机遇与挑战？

项目五　引导案例想一想参考答案

一、农产品冷链物流概述

1. 农产品冷链物流基础知识

农产品冷链物流是一种特殊的物流体系，主要针对易腐农产品（如水果、蔬菜、肉类、水产品等）在整个供应链过程中的运输、储存、加工和销售。其核心目的是确保农产品在低温环境下进行运输和储存，以保持其新鲜程度、营养价值和口感，减少损耗，延长保质期。

农产品冷链物流对于保障食品安全、提高农产品附加值和推动农业产业升级具有重要意义。其中涉及质量控制与追溯、信息化与智能化管理、环境友好与可持续发展、市场拓展与消费者教育等诸多方面。

① 质量控制与追溯。农产品冷链物流中，质量控制和追溯机制是确保食品安全和消费者信任的关键。通过实施严格的质量控制和追溯系统，可以追踪农产品的来源、加工、运输和销售过程，确保产品符合安全标准和质量要求。

② 信息化与智能化管理。随着信息技术的发展，农产品冷链物流也开始向信息化和智能化方向发展。通过应用物联网、大数据、人工智能等技术手段，可以实现对农产品冷链物流过程的实时监控、预测和优化，提高物流效率和产品质量。

③ 环境友好与可持续发展。农产品冷链物流在追求效率和品质的同时，也需要注重环境友好和可持续发展。通过采用节能技术、减少能源消耗和排放、优化运输路线等方式，可以降低冷链物流对环境的影响，实现绿色、低碳的发展目标。

④ 市场拓展与消费者教育。农产品冷链物流的发展还离不开市场拓展和消费者教育的支持。通过加强市场宣传和推广，提高消费者对农产品冷链物流的认知和信任度，可以拓展市场份额，促进农产品冷链物流行业的健康发展。

综上所述，农产品冷链物流是一个涉及多个环节和方面的复杂系统，需要综合考虑产品质量、环境友好、市场需求等因素，才能实现高效、安全、可持续的发展。

随着物质生活水平的不断提高，人们对冷链食品的消费需求也逐年提高。初级农产品、各类水产品、速冻食品、包装熟食、奶制品、花卉等物品的仓储和配送过程都需要冷藏或冷冻，相关的冷链物流运作也越来越受到关注。由于全球化进程不断加快及客户对冷链物流的预期越来越高，行业标准也越来越多，导致冷链物流行业运营越来越复杂，但是3T原则始终是冷链物流应遵循的基本原则之一。

冷链物流的3T指的是时间（Time）、温度（Temperature）、产品耐藏性（Tolerance），即产品最终质量取决于在冷链链中贮藏和流通时间、温度和产品耐藏性。

（1）农产品冷链物流的主要环节

农产品冷链物流的主要环节包括：冷冻（藏）加工、冷冻（藏）储存、冷藏运输、配送、冷冻（藏）销售。这些环节是确保农产品品质与新鲜度的关键步骤，包括预冷、加工、冷藏、运输、销售等，涉及的设备有冷藏车、冷藏库、冷藏柜等。每个环节的稳定低温控制是冷链物流的核心（见图5-1）。

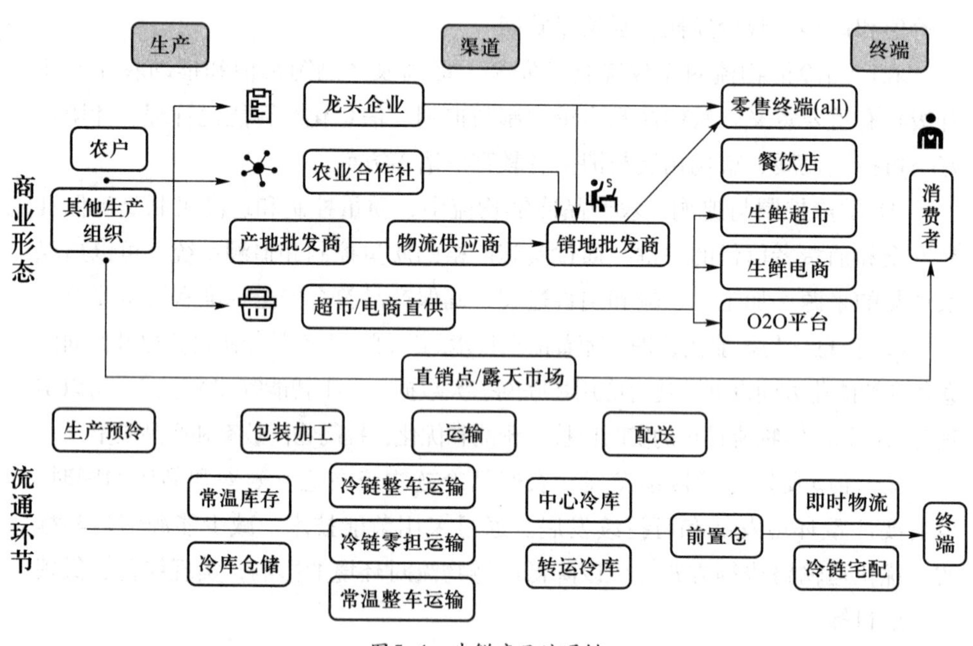

图5-1　生鲜产品流通链

① 冷冻（藏）加工。生鲜农产品从原产地采摘以后，应及时快速地进入冷链物流的首要环节——预冷、冷却及加工。这个环节处理是否得当，对整个冷链起到关键性作用。冷冻（藏）加工主要指对水果和蔬菜、肉禽类、蛋类、鱼类及其他农产品经过采摘、捕捞或养殖后，进行初步处理，如清洗、去皮、去骨、分割等，再对农产品进行预冷、冷却及加工，使其温度降至冰点以下，以减缓微生物的生长和延缓食品变质。如图5-2为某农产品公司对树莓产品进行冷冻加工处理的环节。操作本环节的作用在于使产品更适合储运。

图5-2　某农产品公司树莓的冷冻加工环节

② 冷冻（藏）储存。鉴于作为商品销售的生鲜农产品在供给与需求之间存在着时空上的矛盾，为了调解这一矛盾，因而必须要有一定量的储藏。冷冻储藏是保证具有易腐特性的生鲜农产品品质的必须环节。冷冻加工后的农产品需储存在专门的低温仓库中（如图5-3），库温一般控制在 -18℃以下。冷冻储藏方式因农产品适宜温度不同而有所不同，如蔬类产品主要通过气调来储藏，而鱼类产品则需要冷冻储藏，才可以有效抑制细菌繁殖，保持食品的新鲜度和营养成分。

图5-3　果蔬保鲜冷库

③ 冷藏运输。相较于常规货物运输，生鲜农产品运输要求更高，过程更为复杂，务必要控制并保证产品处在适宜的温度中，以防止产品在运输途中因时间长、温度高而腐烂变质，造成高损耗。冷藏运输工具大致包括冷藏车、冷藏集装箱、冷藏船、铁路冷藏车等几种。冷藏运输工具的使用能有效保障生鲜

农产品在整个运输过程当中一直处于低温环境中。

④ 配送。在配送环节，冷链物流企业需对农产品进行精确的分拣、包装和标识，确保产品在配送过程中不受温度影响。配送过程中，还需密切关注温度控制和产品质量，以满足客户需求，可以保持产品在配送过程中短时间内基本不受温度影响。

⑤ 冷冻（藏）销售。产品经由上述环节的运输配送，便来到了冷链物流的最后一个环节——由生产商、批发商、零售商共同完成的批发零售环节。农产品在到达销售终端后，需在冷冻（藏）条件下进行展示和销售。冷冻（藏）销售可以保证农产品的新鲜度，减少损耗，提高消费者满意度。无论在批发或零售场所，为了确保产品质量，产品销售的全部过程都必须配备并使用冷冻（藏）库、冷冻（藏）柜等制冷设备。

（2）农产品冷链物流存在的问题

农产品冷链物流是一种高度组织化、技术化、规范化的特殊物流体系，对于保障农产品质量和食品安全，提高农产品附加值，以及推动农业产业升级具有重要作用。随着我国农业产业的发展和市场需求的增长，农产品冷链物流在具有更广阔的发展空间的同时，面临着巨大挑战。目前农产品冷链物流主要存在以下几方面的问题。

① 建设投资大，系统庞大复杂。农产品冷链物流要求设备先进、技术含量高，因此投资较大。同时，冷链物流涉及多个环节，如生产、储存、运输和销售，需要综合考虑各种因素，确保农产品在低温环境下的全程冷链。

② 保证时效性具有一定难度。冷链物流要求各环节高度协同，以确保农产品在规定时间内完成加工、运输和销售。时效性要求冷链物流企业具备较高的组织协调能力，同时，能耗成本与冷链物流的发展密切相关。

③ 运营成本高。为了保证农产品在冷链物流各环节中的低温环境，需要安装温控设备、使用冷藏车辆和低温仓库，以及采用先进的信息系统等。这些因素导致农产品冷链物流的成本较高，但有助于提高农产品质量和保障食品安全。

④ 技术要求高。农产品冷链物流涉及制冷、保温、监测、信息化等技术，需要具备一定的技术水平和专业人才。技术创新和应用对于提高冷链物流效率和降低成本具有重要意义。

2. 农产品冷链物流的特点及模式

农产品冷链物流作为农产品物流运输的重要组成部分，对于保障农产品质量、减少农产品损耗具有重要意义。近年来，随着我国经济的快速发展，农产品冷链物流得到了越来越多的关注。了解和掌握农产品冷链物流的特点及模式，可为从事农产品冷链物流相关行业提供参考。

（1）农产品冷链物流的特点

农产品冷链物流在我国农业现代化进程中发挥着重要作用，具有降低损耗，保障食品安全，提高附加值，促进农业产业结构调整、带动相关产业发展等特点，是我国农业现代化的重要支撑，主要体现在以下几个方面。

① 降低损耗。农产品冷链物流通过预冷、冷藏、运输、储存等一系列环节，可以有效降低农产品的损耗。据统计，我国农产品在采摘、储存、运输过程中的损耗率约为 15%~20%，而冷链物流可以将损耗率降低至 5% 以下，大大提高了农产品的流通效率。

② 保障食品安全。冷链物流对农产品进行了全程低温处理，有效抑制了微生物的生长和繁殖，延长了农产品的保质期，从而保障了食品安全。此外，冷链物流还可以实时监控温度、湿度等参数，确保农产品在运输过程中的质量稳定。

③ 提高附加值。冷链物流为农产品提供了更多的加工和包装可能性，使得农产品得以进行精细化、差异化经营，提高了农产品的附加值。同时，冷链物流有助于拓展农产品的销售市场，提高农产品的市场竞争力。

④ 促进农业产业结构调整，带动相关产业发展。冷链物流的发展有助于推动农业产业结构调整，促进优质农产品的生产和供应。通过冷链物流，产区可以更加灵活地调整种植、养殖结构，满足市场需求，实现农业的可持续发展。农产品冷链物流的发展又带动了制冷设备、保温材料、物流配送等产业的发展，形成了产业链效应。此外，冷链物流还促进了农产品电商、餐饮等行业的繁荣，为经济增长注入新动力。

（2）农产品冷链物流模式

根据农业农村部市场与信息化司的《农产品仓储保险冷链物流设施建设工程》的技术指南，常见的农产品冷链物流的基本模式主要有以下几种。

① 批发市场模式。批发市场模式是依托于一定规模的批发市场，由生产者或中间收购商将分散的产品集中到批发市场被批发商收购，然后再通过零售商销售，最终到达消费者手中的物流模式。

这种模式的优点是规避产品分散经营，实现规模化，降低物流成本。我国农产品主要由分散的个体农户自主生产，所以农产品生产建立在小规模经营的基础上。批发市场是农产品的集散地，即将农产品由分散到集中，再由集中到分散，主要从事产品收购和批发销售。批发市场是我国目前大宗农产品销售的主要途径。我国规模较大的农产品批发市场有山东寿光蔬菜批发市场、北京新发地农产品批发市场、南京农副产品物流中心等。

② 连锁超市模式。连锁超市模式是一种典型的物流结盟型模式，连锁超市与物流企业（或流通企业）结盟，物流企业或流通企业再与分散农户签订收

购契约，三者之间形成稳定的合作关系。

这种模式的特点是可以保证稳定的货源、减少物流环节、提高物流效率，主要应用在生鲜农产品冷链物流方面。由于生鲜农产品具有易腐易烂、保鲜期短等特点，对物流冷链设备、运输时间、分销速度等要求很高，因而需要高效和快捷的物流服务，而连锁超市模式极大地满足了这种高效、快捷的要求，并且可以通过厂销直挂的方式，减少物流环节，实现链上节点的无缝对接，优化整个物流供应链系统。

③ 物流中心模式。物流中心模式是基于物流活动集约化、物流服务一体化的思想提出的。物流中心是一个广泛的概念，是各种物流结点的总称，各种物流基地、物流团地、集散中心、配送中心等都可称为“物流中心”。以物流中心为主导的农产品冷链物流模式是由农产品交易主体提供现代化和全方位物流服务的物流模式。我国大多数农产品物流主体规模小且分散，难以提供综合化的物流服务，把分散的农产品聚集起来，不仅可以提高物流资源的使用效率，而且可以解决小生产与大市场之间的矛盾。

3. 农产品冷链物流的地位及意义

农产品冷链物流在我国经济发展和民生保障方面具有举足轻重的地位（见图 5-4）。随着人们对生活品质的不断追求，生鲜农产品的市场需求逐年攀升。冷链物流在保障农产品品质、延长货架期、降低损耗等方面发挥着至关重要的作用。冷链物流连接田间地头、百姓餐桌，守护着人民群众“舌尖上的安全”，是重要的民生领域。

研究显示，我国农产品的产后损耗率较高，冷链物流的发展有助于降低这一损耗。通过冷链物流体系，农产品在运输、储存等环节的损耗将得到有效控制，从而提高农产品的总体产量和产值。冷链物流的发展还可以有效促进农产品流通渠道优化，提高农产品流通效率。冷链物流企业通过建立全国性的网络体系，将农产品快速、安全地送达消费者手中，缩短销售周期，降低流通成本。除此之外，冷链物流产业的快速发展将带动农产品加工、包装、运输等上下游产业的协同发展，为生鲜电商、农产品期货市场等新兴业态提供有力支持，进一步推动农业现代化进程。从全程把控的角度来看，发展农产品冷链物流更有助于国家对农产品进行全程监控，确保农产品的质量和安全，提升国家食品安全水平。

因此，农产品冷链物流在我国具有重要的地位和发展意义。加快农产品冷链物流体系建设，对于保障农产品质量安全、促进农业现代化、提高国家食品安全水平及增强国际竞争力具有重要意义。政府、企业和社会各界应共同努力，推动农产品冷链物流产业的持续健康发展。

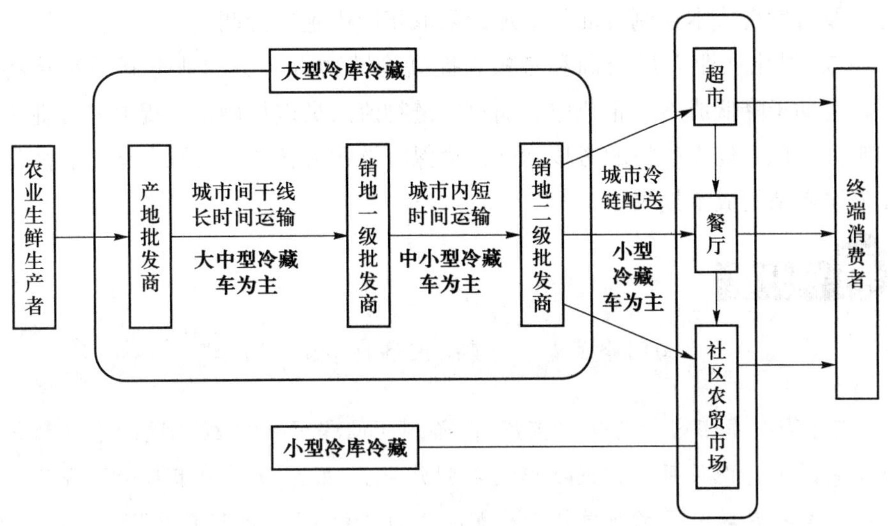

图5-4　冷链体系在传统生鲜农产品供应链中的重要性

4. 农产品冷链物流的成本控制

农产品冷链物流成本控制是企业在保证生鲜农产品质量和降低物流损耗的同时，对冷链物流各个环节进行成本优化和管理的过程。成本控制是冷链物流运作的关键环节之一，关系到企业的经济效益和竞争力。我们可以考虑从以下几个方面对农产品冷链物流进行成本控制。

① 优化冷链物流环节。冷链物流环节包括采购、仓储、运输、配送等，优化这些环节可以有效降低成本。采购环节应合理安排采购时间和数量，以降低原材料成本；仓储环节要确保库房温湿度适宜，提高货物周转率；运输环节选择合适的运输工具和路线，减少运输损耗；配送环节则要合理安排配送时间和路线，提高配送效率。

② 引入先进技术和管理方法。先进的技术和管理方法有助于提高冷链物流的效率和降低成本。例如，采用射频识别技术（Radio Frequency Identification，RFID）技术对货物进行实时监控，提高货物追踪和管理效率；引入供应链管理理念，实现冷链物流各环节的信息共享，降低信息沟通成本；应用大数据分析，预测市场需求，合理安排生产和销售计划，降低库存成本。

③ 提高冷链设备利用率。提高冷链设备的利用率有助于降低单位产品的物流成本。企业应定期对冷链设备进行检查和维护，确保设备运行稳定；合理安排冷链设备的开启和关闭时间，避免能源浪费；通过租赁、共享等方式，提高冷链设备的利用率，降低设备投资成本。

④ 加强成本核算和监控。加强冷链物流成本的核算和监控，是实现成本控制的重要手段。企业应建立健全成本核算体系，对冷链物流各环节的成本进行详细分类和核算；通过实时监控冷链物流的各项指标，如能耗、运输里程

等，及时发现成本控制方面的不足，采取相应措施进行调整。

⑤ 强化从业人员培训和考核。提高冷链物流人员的业务素质和技能水平，有助于降低成本。企业应定期对冷链物流人员进行培训，提升其专业素养和服务意识；建立严格的考核制度，确保冷链物流各环节的顺利运行，降低操作失误带来的成本损失。

田间冷藏库　为集体经济再添新“引擎”

“有了冷库相当于有了‘宝库’，不用担心果子的保鲜问题，不仅销售期能得到延长，而且可以方便冷链运输到外省。”四川省眉山市彭山区观音街道果园村家庭农场主王经理尝到冷藏保鲜库的“甜头”，提起它，脸上充满笑容，总有说不完的话题。

2024年1月2日，王经理的柑橘地里一派繁忙，数十名工人对刚摘下的柑橘进行挑选、装箱、上车……两辆大货车一前一后停放，已经装满黄澄澄的橘子，即将送往北方市场（见图5-5）。“这批柑橘成熟后有一部分现在就发出去，另一部分在冷库保鲜，等到过年再错峰销售，能卖个好价钱呢。”他说。

图5-5　果园村新修建的农产品仓储保鲜冷链物流基地

多年来，果园村的葡萄以独特的口感和优异的品质早已征服省内外市场，备受消费者青睐，与鲜活农产品与粮棉油等大宗农产品不同，通常不耐储运，特别是葡萄在炎热的夏季成熟，采收销售时节可谓“一寸光阴一寸金”，一旦流通不畅，就会失了“鲜”机。

为有效解决葡萄保鲜之痛，2022年6月，果园村用活用足政策，积极争取上级集体经济扶持发展资金150万元，通过全体村民代表大会商议和招商比选，决定入股眉山市农益萄农业发展有限公司，共同打造葡萄产销示范园项目，其中包括17亩葡萄种植基地和农产品仓储保鲜冷链物流基地（见图5-6），村民们按照30.49%的占比，享有相应的财产权和收益权。同时，为保护集体经济资金的安全和稳定的收益，村里与入股公司约定集体经济的收益每年不得低于12万元。

“这样一来，不仅可以解决水果保鲜问题，我们还能进一步发展壮大村集体经济。”果园村乡村振兴委员郭超说。

2023年7月，经过近一年的建设，总投资近400万元的农产品仓储保鲜冷链物流基地建成运行，17亩葡萄种植基地也早已打造完成，均种上了“阳光玫瑰”葡萄，2024年开始挂果。

图5-6　农产品仓储保鲜冷链物流基地

“这次订单有5万斤，快到春节了，订单会越来越多。”外地客商董林是彭山的柑橘收购大户，往年果子收获后他都是租赁成都的冷库来存储，不仅要花费高昂的租赁费，而且人工费、运输费都价格不菲。“现在彭山就有冷链物流基地，就近就能打包、储存，可以让我们省下一笔不小的费用。”董林高兴地说。

“小冷库”能带来大效益，农产品仓储保鲜冷链物流基地的建成不仅有利于精细采收、及时贮藏，而且采收后能及时入库预冷和分级保鲜，贮藏管理细致，并可根据市场需求及时决策出入库，成为供应链的“稳定器”“蓄水池”，同时，带动更多附近村民就业，从而更好地实现农业增效、农民增收。

（摘自：人民网，2024年1月4日）

说一说

通过调研，分析一个近些年农产品冷链物流网建设的案例，并进行案例分享。

二、农产品包装与流通加工

1. 农产品包装概念

农产品包装是指在农产品运输、储存、销售等环节中，对农产品进行外部处理和保护的过程。包装的目的是延长农产品的保质期，减少损耗，提高农产品的附加值，并有助于农产品的储存和运输。农产品包装的主要作用是保护农产品，保持农产品品质，如新鲜度、色泽、口感等，同时，完善农产品包装有助于提高物流效率，促进后期产品销售，当然，包装上的信息也有便于市场监管和消费者对农产品进行计量和标识辨别。

2. 农产品流通加工

农产品流通加工是指在农产品流通环节中，对农产品进行一定程度的加工处理，以满足市场需求，提高农产品附加值和保障农产品质量安全。农产品流通加工主要包括以下几个方面。

① 初级加工。初级加工是对农产品进行基础的处理，例如清洗、去皮、切片、包装等。这一环节对于延长农产品的保质期、提高商品价值具有重要意义。通过初级加工，农产品可以更好地适应市场流通和消费者需求，为后续深加工奠定基础。

② 精深加工。精深加工是对农产品进行高附加值的加工，如腌制、发酵、烘干、冷冻等。这种加工方式可以满足不同消费者的需求，提高农产品的市场竞争力。同时，精深加工也有助于扩大农产品的应用领域，促进农业产业升级。

③ 加工技术创新。加工技术创新是农产品流通加工的关键环节。引进先进的加工设备和技术，可以提高农产品的加工质量和效率，降低生产成本。此外，加工技术创新还有助于开发新型农产品，推动农业产业的发展。

④ 产品分级。产品分级是根据农产品的品质、外观等特征进行的。通过分级处理，可以满足不同市场的需求，提高农产品的附加值。同时，产品分级有助于提升农产品品牌形象，增强市场竞争力。

⑤ 绿色加工。绿色加工是指在农产品加工过程中注重环保，采用环保型加工设备和包装材料，降低农产品加工过程中的环境污染。绿色加工符合现代农业的发展理念，有助于实现农业可持续发展。

⑥ 质量控制。建立完善的农产品质量检测体系是保障农产品质量安全的重要手段。通过质量控制，可以确保农产品从生产到流通的全过程都符合相关标准，让消费者放心食用。

⑦ 供应链管理。供应链管理是优化农产品流通加工环节的关键。通过优化供应链管理，可以提高农产品的流通效率，降低成本，实现农产品的快速、

高效流通。

农产品包装与流通加工是现代农业发展的重要内容，对于提高农产品附加值、保障农产品质量安全和促进农业产业升级具有重要意义。我国应加大对农产品包装与流通加工的投入和支持，推动农产品加工业的发展，助力乡村振兴和农业现代化。

三、农产品仓储和配运

1. 农产品仓储分类与管理

农产品仓储是农产品供应链中的重要环节，它直接影响着农产品的质量和消费者满意度。为了更好地实现农产品的保值和增值，需要根据农产品的特性、储存方式、储存周期等因素，对农产品仓储进行合理的分类和管理。

（1）农产品仓储的类别

① 鲜活农产品仓储。这类农产品包括蔬菜、水果、水产等，它们对储存条件有较高的要求。例如，需要低温、湿度等特定环境来保持新鲜度和口感。对这些农产品进行仓储时，要注重控制温度和湿度，以延长其保质期。

② 粮油仓储。这类农产品包括大米、面粉、食用油等，它们在储存过程中需要保持干燥、通风、防虫等。这是因为粮油产品受潮、受虫害会影响其品质，甚至导致变质。因此，储存粮油产品的仓库要定期检查和维护，确保干燥、通风、无虫害。

③ 干货仓储。这类农产品包括中药材、干果、茶叶等，它们对储存环境有特殊要求。例如，防潮、防虫、通风等。对这些农产品进行仓储时，要确保仓库的湿度、温度适宜，并定期检查，防止虫害滋生。

④ 罐头食品仓储。这类农产品包括罐头水果、罐头肉类等，它们在储存过程中需保持密封、避光、防潮等。这是因为罐头食品受潮、受光会影响其口感和营养价值。因此，储存罐头食品的仓库要注重密封、遮光、防潮。

⑤ 冷冻食品仓储。这类农产品包括冷冻肉类、冷冻水产等，它们对储存条件有特殊要求，如低温、湿度、避光等。对这些农产品进行仓储时，要确保仓库的温度、湿度、光照条件适宜，以保持其品质。

（2）农产品仓储管理内容

① 建立健全仓储管理制度，确保各项措施落实到位。只有建立健全制度，才能确保农产品仓储工作的顺利进行。

② 定期对仓储设施进行检查和维护，保证仓储设施的正常运行。只有仓储设施运行正常，才能为农产品提供良好的储存环境。

③ 严格入库和出库检验制度，确保农产品的质量安全。入库前要对农产品进行质量检验，出库时要进行质量复查，确保农产品的质量安全。

④ 利用现代仓储技术，如温湿度控制系统、气体调节系统等，提高农产品储存效果。现代仓储技术可以有效控制农产品储存过程中的温度、湿度、氧气浓度等，延长农产品的保质期。

⑤ 实施绿色仓储，降低能源消耗，提高仓储效益。绿色仓储旨在降低能源消耗、减少环境污染，实现仓储业的可持续发展。通过实施绿色仓储，可以提高农产品仓储效益，促进农业产业升级。

总之，农产品仓储分类和管理工作关系到农产品的质量和农民的收入。应根据农产品的特性，采用合适的储存方式和现代仓储技术，加强农产品仓储管理，为农产品提供良好的储存环境，确保农产品的质量安全。同时，要注重实施绿色仓储，降低能源消耗，提高仓储效益，促进农业可持续发展。

2. 农产品仓储保管办法

为了确保农产品在仓储过程中的质量和安全，需要掌握一定的农产品仓储保管方法。

① 合理选择仓储设施。农产品仓储设施的选择至关重要，应根据农产品的特性、数量、储存期限等因素来决定。例如，普通农产品可以选择通风、干燥、避光的仓库，而鲜活农产品则需要考虑冷链仓储设施。

② 控制储存环境。农产品的储存环境对其质量和安全影响较大。应确保仓库内温度、湿度、氧气浓度等参数在适宜范围内。例如，粮食类农产品储存时，温度应控制在 15℃左右，湿度在 75% 左右，氧气浓度在 2% 以内。

③ 合理包装。农产品包装材料应具有良好的气密性、防水性和耐压性。包装设计应便于搬运、堆放和识别。对于易腐农产品，可采用真空包装、气调包装等方法，延长其保质期。

④ 建立健全管理制度。农产品仓储过程中，应建立完善的入库、出库、盘点、质量检测等管理制度。加强员工培训，提高仓储管理水平。

⑤ 预防虫害和霉菌污染。虫害和霉菌污染是农产品仓储过程中的一大隐患。应采取物理、化学和生物防治等措施，定期检查并清除虫害和霉菌。

⑥ 定期检测农产品质量。在仓储过程中，定期对农产品进行质量检测，确保其符合国家食品安全标准。

⑦ 优化物流配送。合理安排物流配送，减少农产品在运输过程中的损耗。鲜活农产品应采用冷链物流，确保其在运输过程中始终保持适宜的温度。

⑧ 推广绿色仓储技术。绿色仓储技术有助于降低能耗、减少环境污染、提高农产品仓储效益。如采用节能照明、太阳能供电、绿色建筑材料等。

通过以上措施，可以有效保障农产品在仓储过程中的质量和安全，为我国农业产业的发展和农产品市场的稳定提供有力支持，同时有利于促进农业绿色发展和乡村振兴战略的实施。

项目五　农产品仓储和配运做一做参考答案

做一做

了解常见农产品的仓储方法。

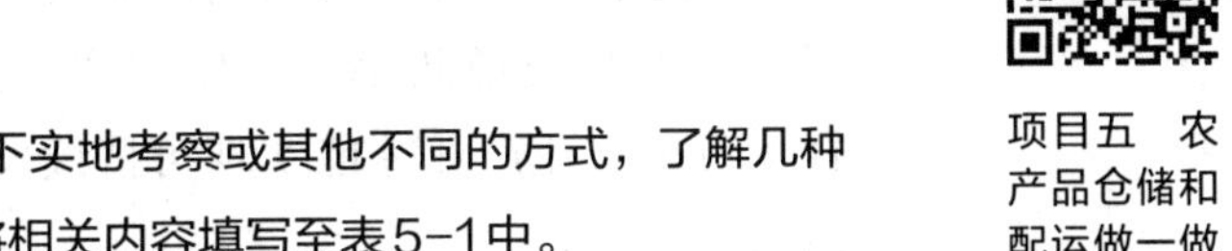

请同学们通过线上调研、查阅文献、线下实地考察或其他不同的方式，了解几种常见农产品在农产品仓库中的储存方法，并将相关内容填写至表5-1中。

表5-1　常见农产品的仓储方法

农产品	储存方式
小麦	
玉米	
大豆	
…	

3. 农产品配送与运输

农产品配送与运输是指将农产品从生产地点运输到销售地点的过程，包括农产品收货、存储、包装、运输、配送等环节，旨在确保农产品的新鲜度和质量安全。农产品配送与运输作为农产品供应链的最后一环，其重要性不言而喻。它不仅关系到农产品能否及时、安全地到达消费者手中，更影响着整个农业产业的效益和农村经济的发展。因此，优化农产品配送与运输，提高农产品的流通效率，成为当下我国农业发展的重要课题。

首先，农产品配送与运输涉及农产品的产后处理、包装、仓储、运输等多个环节。为了确保农产品的新鲜度和品质，应当加强对农产品产后处理的规范，提高包装标准，以降低农产品在运输过程中的损耗。此外，完善仓储设施，提高仓储管理水平，也是减少农产品流通环节损失的关键。

其次，优化农产品运输渠道，提高运输效率，是降低农产品流通成本的重要手段。这需要进一步完善农村公路网，提高道路通行能力，确保农产品运输的顺畅。同时，积极探索多元化的农产品运输方式，如冷链物流、无人机配送等，以提高运输速度和降低运输成本。

再次，农产品配送与运输环节的信息化建设也不容忽视。借助现代信息技术，如大数据、物联网、人工智能等，可以实现对农产品生产、流通、销售等环节的实时监控与调度，提高农产品配送的准确性和时效性。此外，信息化建设还有助于提高农产品市场预测的准确性，为政策制定提供科学依据。

最后，加强农产品配送与运输环节的监管，确保农产品质量和安全。要从源头把控农产品质量，加强对农产品生产、流通、销售各环节的监管，建立健全农产品质量安全追溯体系，确保消费者能够食用安全、放心的农产品。

优化农产品配送与运输，需要从多个方面入手，综合运用各种措施，以提高农产品流通效率，降低农产品流通成本，保障农产品质量和安全。这样，我国农业产业才能实现可持续发展，更好地服务于国民经济发展和民生改善。

四、我国农产品冷链物流的对策与措施

1. 技术与设备的丰富

近年来，我国农产品冷链物流领域的发展取得了显著成果，这离不开国家政策的大力支持和市场需求的持续推动。在技术层面，我国已经拥有了世界领先的冷链物流技术，如精准温控技术、自动化分拣技术、智能化监控技术等。这些先进技术在农产品冷链物流过程中得到了广泛应用，为农产品提供了全方位的保护，有效延长了农产品的保质期，保证了农产品的品质。

在国家政策的引导下，我国农产品冷链物流设备也在持续升级。例如，制冷设备、保温材料、低温仓储设施、冷链运输工具等关键设备都得到了大幅度的改进。这些设备的升级换代为我国农产品冷链物流提供了强有力的硬件支持，为农产品保鲜提供了更有力的保障。

为了进一步提高农产品冷链物流的水平，我国还积极引进国际先进的冷链物流设备和技术。通过与国际接轨，我国农产品冷链物流不仅掌握了世界前沿的技术，还学习了先进的冷链物流管理经验。这为我国农产品冷链物流的持续发展提供了源源不断的动力，助力我国农产品走向世界。

在农产品冷链物流的发展过程中，我国不仅注重技术的创新与引进，还重视冷链物流产业的协同发展。政府鼓励各类企业、科研院所、产业园区等多方参与，形成产业链上下游企业紧密合作、协同发展的良好态势。这有助于提高我国农产品冷链物流的整体竞争力，推动我国由农产品冷链物流大国向强国迈进。

总之，在国家政策支持和市场需求的双重推动下，我国农产品冷链物流的技术与设备得到了显著提升。未来，我国将继续加大冷链物流技术创新和设备升级的力度，努力提高农产品冷链物流水平，为我国农业现代化和乡村振兴战略实施提供有力支撑。

2. 我国农产品冷链物流专业人才的培养

农产品冷链物流专业人才的培养是我国冷链物流发展的重要支柱。冷链物流是一个综合性强的领域，涉及农产品的采摘、储存、运输、加工、销售等环节，因此，专业人才的培养显得尤为关键。我国政府相关部门高度重视这

一问题，积极推动冷链物流人才的培养，以满足市场对高素质冷链物流人才的需求。

首先，我国在政策层面给予了大力支持。相关部门制定了一系列政策措施，鼓励高等院校和职业院校开设冷链物流专业，加强对冷链物流专业的教育投入。这些政策为冷链物流专业的发展提供了有力保障。

其次，冷链物流专业课程设置不断完善。在高等院校和职业院校中，冷链物流专业课程涵盖了农产品储存、运输、加工、销售等方面的知识，注重实践教学，培养学生的实践能力和创新精神。这种课程设置有助于学生掌握专业知识，为冷链物流行业输送了一批批优秀的人才。

再次，通过举办各类冷链物流培训班、研讨会等活动，提高在职人员的专业素质。这些培训活动不仅提升了在职人员的工作能力，还为冷链物流行业积累了丰富的经验，为行业的持续发展奠定了基础。

最后，冷链物流行业与企业也积极参与到人才培养中来。企业与学校合作，建立产学研一体的人才培养基地，为学生提供实践机会，提前适应职场环境。这种合作模式有利于学生将理论知识转化为实践能力，提高了冷链物流人才的综合素质。

3. 我国农产品冷链物流机制的制定与完善

农产品冷链物流是我国农业现代化的重要环节，对于保障农产品质量、促进农民增收和满足消费者需求具有重要作用。近年来，我国政府相关部门高度重视农产品冷链物流的发展，通过制定政策、法规和标准，积极推动冷链物流产业的规范化、现代化和可持续发展。

在政策层面，我国政府对农产品冷链物流给予了大力支持。相关部门出台了一系列政策措施，如税收优惠、补贴、金融支持等，旨在降低冷链物流企业的运营成本，激发市场活力，如国家发改委发布的《城乡冷链和国家物流枢纽建设中央预算内投资专项管理办法》等。此外，政府还鼓励企业加大投资，引进先进技术，提升冷链物流设施设备的水平。这些政策的实施为冷链物流企业创造了良好的发展环境，有力地推动了农产品冷链物流的健康发展。

在法规层面，我国不断完善冷链物流相关的法律法规，以确保市场秩序规范、农产品质量安全和消费者权益得到保障。相关部门制定了一系列冷链物流法规，涵盖了生产、运输、储存、销售等各个环节，对冷链物流企业的经营行为进行规范。同时，政府加强了对冷链物流行业的监管力度，严厉打击违法违规行为，确保冷链物流市场的有序竞争。

在标准层面，各地制定了一系列冷链物流国家标准和行业标准。这些标准涵盖了冷链物流的各个环节，包括设施建设、设备技术、操作流程、服务质量等，为冷链物流企业提供了技术指导和规范。通过实施这些标准，企业可以提高冷链物流的服务质量和效率，降低运营成本，进一步增强市场竞争力。

通过以上三个方面的努力，我国农产品冷链物流在技术与设备、专业人才和机制方面取得了显著成果。然而，与国际先进水平相比，我国农产品冷链物流仍存在一定差距。未来，需要继续加大投入，深化体制改革，推动农产品冷链物流高质量发展，为农业现代化和乡村振兴贡献力量。

加快补齐农村现代物流短板

2023年11月，我国第1000亿件快件产生，比2022年达到千亿件提前了39天，再次展现出我国物流行业的强大韧性与活力。值得注意的是，2023年以来，农村物流双向流动趋势有所加快，更多农产品正通过快递这张网络销往全国各地。这表明我国县乡村三级物流体系不断健全，县乡市场活力满满。

农村物流是现代流通体系的重要组成部分，对于满足农村群众生产生活需要、释放农村消费潜力、促进乡村振兴具有重要意义。近年来，我国持续推进农村现代物流体系建设，全力打通农产品出村与消费品下乡的末梢循环。同时要看到，我国地域辽阔，不同地域间资源、人口分布不均，有些偏远地区物流体系建设难度较大，与广大农村群众对物流服务需求相比还有一定差距。这需要我们进一步做大做强农村物流，更好满足老乡们对美好生活的向往（图5–7）。

补齐农产品“最初一公里”短板

本报记者 乔金亮

业界点睛

浙江省嘉兴市秀洲区新塍镇：

多措并举聚焦企业 科技人才共谋振兴

图5–7 《补齐农产品“最初一公里”短板》（摘自：《经济日报》，2022年7月29日）

加快补齐县乡村物流设施短板，加强资源整合，建设布局合理、统筹运行的服务网络。一直以来，端点需求小、运营服务分散等是农村物流的“老大难”问题，影响了运营成本控制与服务效益改善。为此，要秉持集约高效、多站合一、资源共享原则，科学谋划县域交通物流设施布局，加快推进县乡村三级物流节点建设。健全完善县域公共配送中心，实现统一采购、仓储、分拣、运输、配送。因地制宜分类分级补齐乡镇物流场站短板，优化提升现有场站，提高运营效能。突出抓好村级物流站点布局建设，逐步实现具备条件行政村的寄递物流综合服务站全面覆盖，释放“一点多能”的服务效应。

持续推进农产品仓储保鲜冷链设施建设，打通农产品上行“最初一公里”。农产品销售事关农民群众的钱袋子，运得出、卖得好是关键。要在着力完善农村冷链仓储、运输、配送网络等方面下功夫，在重点乡镇和中心村，支持农村集体经济组织、家庭农场等适度集中建设农产品产地冷藏保鲜设施，促进鲜活农产品降低损耗、错峰销售。在县域重要流通节点，稳步发展农产品产地冷链集配中心，提升分级分拣、加工包装、仓储保鲜、电商直播、市场集散等综合服务能力。要推动冷链物流与现代农业、农产品加工、商贸流通融合发展，促进农产品流通提质增效。

加快培育龙头企业，因地制宜推动服务模式创新。各地乡村经济社会发展情况不同，物流服务需求存在较大差异。为此，要尽快打造一批具有统筹网络设施利用和服务运行能力的龙头物流企业，提高农村物流的组织化程度和供需适配精度，有针对性地开展多样化服务。对于规模相对集中、需求相对密集的物流需求，可推出定制化、公交化快递运行线路。在人口规模较大的行政村，可推广客运班车带货模式，降低物流运行成本。

加快农村物流高质量发展，是畅通国民经济循环、促进商品和资源要素有序流动的迫切需要。相信在各方共同努力下，我国将加速建成开放惠民、集约共享、安全高效、双向畅通的农村寄递物流体系，助力实现农民增收和农村消费提升。

（摘自：《人民日报》，2023年11月22日）

思考与练习

（1）单项选择题

① 冷链适用的易腐食品可以分为三大类：一类是（　　），例如蔬菜水果水产品禽肉等；二类是加工的农副食品，例如蔬菜水果加工，水产品加工，肉类加工，速冻产品等；三类是特殊产品，例如药品等。

A. 初级农产品　　B. 中级农产品

C. 高级农产品　　D. 成品

② 根据农业农村部市场与信息化司的《农产品仓储保鲜冷链物流设施建设工程》的技术指南显示，常见的农产品冷链物流的基本模式不包括以下哪一种？（ ）

A. 批发市场模式　　B. 连锁超市模式

C. 生鲜配送模式　　D. 物流中心模式

③ 以下哪个不属于农产品冷链物流的主要环节？（ ）

A. 冷冻（藏）加工　　B. 冷冻（藏）储存

C. 冷冻航空运输　　D. 冷冻（藏）销售

④ 以下哪项不是农产品冷链物流企业网络创新？（ ）

A. 构建信息网络平台

B. 构建农产品产业链创新

C. 创建质量追溯网络平台，为消费者提供安全放心的农产品

D. 建产业网络合作平台，动社会的行业力量发展冷链物流产业

⑤ 冷库的作用不包括以下哪一项？（ ）

A. 使易腐产品能较长时间保存

B. 为农产品食品加工厂长时间均衡加工创造条件

C. 供大型副食店菜场和食堂短期或临时贮存食品之用

D. 抑制食物腐烂

（2）多项选择题

① 农产品冷链物流的社会效益有（ ）。

A. 特色农产品走出产地

B. 便于建立健全检查和监督机制

C. 提供大量就业机会

D. 缓解土地资源压力

② 农产品冷链物流的经济社会意义是（ ）。

A. 保障易腐食品安全，减少营养流失

B. 解决产供销不一致的矛盾

C. 减少食物腐烂损失造成的浪费

D. 解决城市交通拥堵问题

③ 生鲜电商冷链物流模式有（ ）。

A. 顺丰冷运模式

B. 京东商城模式

C. 河南鲜易供应链模式

D. 九曳供应链模式

④ 冷链物流运作的模式创新包括（ ）。

A. 冷链物流企业物理创新

B. 冷链物流企业价值创新

C. 冷链物流企业管理创新

D. 冷链物流企业网络创新

（3）判断题

① 冷链物流必须遵循贮藏和流通时间（Time)、温度（Temperature) 和产品耐藏性（Tolerance)3T 原则。(　　　)

A. 正确

B. 错误

② 目前我国冷链物流行业的标准缺失，很多企业没有按照国家标准执行，自律性差，行业发展举步维艰。(　　　)

A. 正确

B. 错误

③ 冷链物流理念推广薄弱，冷链物流的要求比较高，相应的管理和资金方面的投入也比普通的常温物流要大价格也相对偏高。因此，我们应当限制冷链行业发展。(　　　)

A. 正确

B. 错误

（4）简答题

① 冷链物流的定义和特点是什么?

② 冷链物流环节由哪几个部分组成?

项目五　思考与练习参考答案

项目六　农业产业化园区建设规划

- 农业产业化园区建设规划
  - 一、农业产业化园区规划概述
    - 1. 农业产业化园区规划的基本概念
    - 2. 农业产业化园区规划的多重效益分析
  - 二、我国农业产业化园区的规划指导思想
    - 1. 我国农业产业化园区发展现状
    - 2. 我国农业产业化园区规划的指导思想
  - 三、我国农业产业化园区的规划原则
    - 1. 统筹兼顾原则
    - 2. 市场导向原则
    - 3. 科技创新原则
    - 4. 绿色发展原则
    - 5. 以人为本原则
  - 四、我国农业产业化园区的规划内容
    - 1. 成功的农业产业化园区案例
    - 2. 农业产业化园区的规划内容

学 习 目 标

知识目标：

① 理解农业产业化园区规划的含义。

② 了解我国农业产业化园区的规划现状。

③ 掌握我国农业产业化园区的规划指导思想。

④ 掌握我国农业产业化园区的规划原则。

⑤ 熟悉我国农业产业化园区的规划内容。

能力目标：

① 会通过互联网查找、分析农业产业化园区相关的文件资料。

② 能够根据政策方向结合当地情况规划农业产业化园区。

③ 能够根据规划给出农业产业化园区的建设建议。

素质目标：

① 增强创新意识和实践能力，提高对农业产业化园区规划的认识。

② 提高环境保护意识和责任感，推动绿色农业发展。

③ 增强团队合作精神，提高沟通与协调能力。

④ 提升农业产业链整合能力，促进农业现代化进程。

案例一

引入金融源头活水　赋能现代农业产业园高质量发展

2022年，福建省永春县现代农业产业园获批创建国家现代农业产业园（图6-1）。永春县委县政府以创建国家现代农业产业园（以下简称产业园）为契机，充分发挥全国农村改革试验区优势，健全工作机制，打造服务平台，积极与金融机构对接，创新金融服务产品，开通新型农业经营主体信贷直通车，把更多金融资源配置到产业发展重点领域和薄弱环节，满足新型农业经营主体多样化、层次化的金融需求，为探索数字普惠金融提供永春经验，助力产业园高质量发展。目前，产业园总投资123.25亿元，其中财政资金投入5.46亿元，吸引社会资本投资12.7亿元，金融信贷余额105.09亿元，产业园贷款余额同比增长15%。

图6-1　福建省永春县国家现代农业产业园

（摘自：中华人民共和国农业农村部网站，2023年4月14日）

案例二

“食品硅谷”瓦格宁根

瓦格宁根是一个“低调有内涵”的绿色田园城市，位于荷兰中部，北部是主要的粮食产地，南部更有世界著名的莱茵河流经，是草地丰美的牧场。

过去，瓦格宁根因瓦格宁根大学而闻名；如今，瓦格宁根作为荷兰食品谷的中心，与8个市34万居民合作在一起，形成了国际食品工业的动态知识中心，为越来越多的人所熟知。

瓦格宁根食物谷是荷兰许多跨国食品公司的所在地，谷内约有15000名专业人员从事食品相关的科学和技术开发、食品制造工作。食品谷与硅谷的模式类似，由许多食品、营养领域的研究机构和代表目前先进工艺水平的企业组成，被认为是当今世界上最大的食品营养研发集群代表（参见图6-2）。

食品谷拥有2600多家公司和机构，汇集了包括种子技术、农业、加工处理、运输、制造业、营销、品牌、零售的食品产业全链条。目前，瓦格宁根商务科技园内建立了超过40家专门面向生命科学、食品和健康领域的公司，与农产品知识中心瓦格宁根大学一起，为食品谷的成功提供了源源不断的科研成果。

瓦格宁根这座生长在田园之中的名副其实的大学城，默默而坚定地专注于与人们生存紧密相关的生命科学领域和食品产业，凭借不大的城市体量、安静宜人的绿色生态环境和低调的城市气质，吸引着世界食

图6-2 瓦格宁根大学与工业界有着密切的联系

品创新型公司和知识人才，成为世界食品创新带的核心驱动力。

（摘自：中国农村网，2024年5月22日）

项目六 引导案例想一想①拓展阅读

想一想

① 福建省永春县现代农业产业园获批创建国家现代农业产业园能给当地永春县带来什么？

② 查一查，永春县委县政府以创建国家现代农业产业园为契机，采取了哪些措施来推动当地经济的发展。

③ 荷兰土地面积不到中国的0.5%，且地势低洼、日照不足，农业发展条件“先天不足”，却是仅次于美国的全球第二大农业出口国。从瓦格宁根食品谷的经验看，我们可以学到什么？

一、农业产业化园区规划概述

随着科技的进步和经济全球化的加速，农业产业化已经成为推动经济发展的重要力量。为了更好地整合资源，提高农业生产效率，促进农业产业升级，农业产业化园区应运而生。

农业产业化园区规划的背景在于，传统农业面临着资源紧张、效率低下、市场竞争力不足等问题。而农业产业化园区的建设，旨在通过科技创新、产业升级、资源整合等手段，推动农业向现代化、高效化、智能化方向发展。农业产业化园区规划的主要目标包括提高农业生产效率、促进农业产业升级、增强农产品市场竞争力、推动农村经济发展等。

1. 农业产业化园区规划的基本概念

农业产业化园区规划是指在一定的地域范围内，根据农业产业的特点和市场需求，对农业产业链进行系统、科学的布局和规划。这一规划旨在推动农业产业升级，提高农业产值，促进农村经济发展，并为实现乡村振兴战略提供有力支撑。农业产业化园区规划涉及多个方面，如产业结构调整、产业链延伸、技术创新、生态环境保护等。通过合理规划，农业产业园区可以实现资源优化配置、产业协同发展、农民增收等目标。

2. 农业产业化园区规划的多重效益分析

农业产业化园区规划作为现代农业发展的重要手段，其重要性不容忽视。通过对农业产业链的精心布局，园区规划不仅可以优化农业产业结构，推动技术创新，还可以促进生态环境保护。我们可以从以下方面深入探讨大力发展农业产业化园区可能产生的影响和其独特的价值。

首先，农业产业化园区规划对于优化农业产业结构具有显著作用。合理的产业布局能够实现产业链的延伸和拓展，提高农产品的附加值。这种增值不仅体现在产品的质量和品种上，还体现在产品的深加工和精细化处理上。这种升级转型的农业产业结构，可以为农民提供更多的就业机会，提升他们的收入水平，进一步推动农村经济的蓬勃发展。

其次，园区规划对于推动技术创新具有深远影响。在园区内，通过引进国内外先进的农业技术和设备，可以显著提高农业生产的科技含量。这种科技含量的提升不仅可以提高农业产值，还使得农业生产更加高效、精准和可持续。同时，这种技术创新可以带动农业相关产业的发展，为农业产业链的整体升级提供强大动力。

再次，我们不能忽视农业产业化园区规划在生态环境保护方面的积极贡献。在规划过程中，必须充分考虑生态环境保护，确保农业生产与环境保护的和谐共生。通过推广生态友好型农业技术，减少化肥农药的使用，提高农业废弃物的资源化利用率，可以显著提升农业生产的可持续性，同时为农村居民提供更加宜居的生活环境，促进乡村生态文明的建设。

最后，农业产业化园区规划有助于实现乡村振兴战略，这一点不容忽视。乡村振兴、城乡共富是我国目前农村发展的重要战略，农业产业化园区规划正是有效实现这一战略的重要途径之一。通过农业产业化园区的规划，可以推动当地，乃至辐射区域的农业产业的发展，促进农村经济的繁荣，为实现乡村振兴战略提供有力支撑。合理规划农业产业园区，可以实现资源优化配置、产业协同发展、农民增收等目标，为我国农业现代化和乡村振兴战略实施提供有力保障。

二、我国农业产业化园区的规划指导思想

1. 我国农业产业化园区发展现状

自党的十八大召开以来，我国农村地区的创新创业环境得到了显著改善，乡村产业呈现出迅猛的发展态势，极大地推动了农民的就业与增收，为乡村的繁荣与进步奠定了坚实基础。

在农产品加工业方面，我国取得了显著成就。2019 年，该行业的营业收入突破了 22 万亿元大关，规模以上农产品加工企业数量达到 8.1 万家，为超过 3000 万人提供了就业机会。

同时，乡村特色产业展现出蓬勃的发展势头。我国成功打造了一批产值超过 10 亿元的特色产业镇（乡）和产值超过 1 亿元的特色产业村。通过深入挖掘乡土特色工艺，成功创建了 10 万多个具有“乡字号”和“土字号”特色的乡土品牌，进一步丰富了乡村经济的内涵。

在乡村休闲旅游业方面，同样取得了显著进展。通过精心打造一批休闲旅游精品景点和推介一批精品线路，2019 年休闲农业接待游客数量达到 32 亿人次，营业收入超过 8500 亿元，为乡村经济的发展注入了新的活力。

此外，乡村新型服务业也呈现出快速发展的态势。2019 年，农林牧渔专业及辅助性活动产值达到 6500 亿元，各类涉农电商超过 3 万家，农村网络销售额达到 1.7 万亿元，其中农产品网络销售额为 4000 亿元。这些成绩的取得，为乡村经济的转型升级提供了有力支撑。

在农业产业化方面，我国深入推进了相关工作。2019 年，农业产业化龙头企业数量达到 9 万家（其中，国家重点龙头企业 1542 家），农民合作社数量达到 220 万家，家庭农场数量达到 87 万家。这些企业和组织的蓬勃发展，带动了 1.25 亿农户进入大市场，为乡村经济的持续发展注入了强大动力。

随着农村创新创业环境的不断优化，创新创业规模也在持续扩大。2019 年，各类返乡入乡创新创业人员累计超过 850 万人，其中创办农村产业融合项目的占比达到 80%，利用互联网进行创新创业的人员占比超过 50%。在乡创业人员数量也超过了 3100 万，为乡村经济的繁荣与发展注入了新的活力与动力［以上数据来自农业农村部印发的《全国乡村产业发展规划（2020—2025 年）》］。

近年来，各地在推动乡村产业发展方面取得了显著成果，积累了宝贵经验。这些经验主要体现在以下几个方面：一是注重优化产业布局，通过县域内统筹资源和产业，形成了县城、中心镇（乡）、中心村层次分明、分工明确的产业发展格局。二是注重产业融合，积极推动二三产业发展，延伸产业

链条，促进主体融合、业态融合和利益融合，形成了多元化的产业发展模式。三是注重创新驱动，不断加强技术研发和工艺改进，加快设施装备升级，有效提升了生产效率和市场竞争力。四是注重品牌引领，积极推进绿色兴农、品牌强农战略，培育了农产品区域公用品牌和知名加工产品品牌，创响了乡土特色品牌，有效提升了品牌溢价和市场影响力。五是注重联农带农，通过建立多种形式的利益联结机制，让农民更多分享产业链增值收益，有效促进了农民增收和农村经济发展。这些经验为我国未来乡村产业发展提供了重要的借鉴和参考。

2. 我国农业产业化园区规划的指导思想

我国农业产业园区的规划指导思想参考农业农村部2020年7月印发的《全国乡村产业发展规划（2020—2025年）》[以下简称《规划（2020—2025年）》]。全国乡村产业发展规划，产业兴旺是乡村振兴的重点，是解决农村一切问题的前提。乡村产业内涵丰富、类型多样，农产品加工业提升农业价值，乡村特色产业拓宽产业门类，休闲农业拓展农业功能，乡村新型服务业丰富业态类型，是提升农业、繁荣农村、富裕农民的产业。近年来，农村创新创业环境不断改善，新产业新业态大量涌现，乡村产业发展取得了积极成效，但也存在产业链条较短、融合层次较浅、要素活力不足等问题，亟待加强引导、加快发展。

《规划（2020—2025年）》是以习近平新时代中国特色社会主义思想为灯塔，全面贯彻落实党的十九大和十九届二中、三中、四中全会精神，坚持农业农村优先发展，以实施乡村振兴战略为总抓手，以一二三产业融合发展为路径，发掘乡村功能价值，强化创新引领，突出集群成链，延长产业链，提升价值链，培育发展新动能，聚焦重点产业，聚集资源要素，大力发展乡村产业，为农业农村现代化和乡村全面振兴奠定坚实基础。

这一指导思想充满着以人为本的人文关怀，强调在追求经济效益的同时，必须充分考虑到社会效益和生态效益。它要求我们以高度的责任感和使命感，去推动农业科技创新，提高农业综合生产能力，确保农业的可持续发展。

在具体的实施过程中，要发挥市场在资源配置中的决定性作用，优化产业结构，激发农业产业活力。要培养新型农业经营主体，提高他们的素质和能力，使他们成为推动农业现代化的中坚力量。同时，要加强农业产业链上下游的协同创新，推动农业产业与其他产业的融合发展，形成多元化的产业格局。

在经济全球化的背景下，我国农业产业化园区的规划指导思想还强调积极参与全球农业竞争与合作，提升我国农业的国际竞争力。我们要以更加开放的姿态，引进国际先进的农业技术和管理经验，推动我国农业走向世界舞台。

（1）《规划（2020—2025年）》的基本原则

① 坚持立农为农。坚守农业初心，发展乡村特色产业。在广袤的中华大地上，农业农村资源是国家发展的根基。自古以来，农业就是我国的立国之本，农民则是国家的脊梁。然而，随着工业化和城市化的快速推进，乡村地区面临着资源流失、人口外流等诸多挑战。因此，坚持立农为农的原则，依托农业农村资源，发展具有明显优势和鲜明特色的乡村产业，成了振兴乡村经济的关键所在。

以农业农村资源为依托，发展优势明显、特色鲜明的乡村产业。把二三产业留在乡村，把就业创业机会和产业链增值收益更多留给农民。

② 坚持市场导向。坚持市场导向，激活乡村发展活力。随着经济全球化和市场经济的深入发展，市场在资源配置中的作用日益凸显。尤其是在乡村地区，市场的导向作用更是关键，它不仅能够激活要素、激活市场、激活主体，更能够引导资源要素向乡村汇聚，为乡村的可持续发展注入活力。

充分发挥市场在资源配置中的决定性作用，激活要素、激活市场、激活主体，以乡村企业为载体，引导资源要素更多地向乡村汇聚。

③ 坚持融合发展。坚持融合发展，构建全产业链模式，推动农业与现代产业要素的跨界融合。在当今这个日新月异的时代，单一产业的发展模式已难以满足日益增长的社会需求。为了实现经济的持续健康发展，必须坚持融合发展的道路，通过全产业链模式的构建，推动农业与现代产业要素的跨界配置。

发展全产业链模式，推进一产往后延、二产两头连、三产走高端，加快农业与现代产业要素跨界配置。

④ 坚持绿色引领。绿色引领，走向可持续的未来发展。在当今这个快速发展的时代，我们不得不面对一个严峻的现实：生态环境的恶化。面对这一问题，我们必须采取行动，而“绿水青山就是金山银山”的理念为我们指明了方向。这一理念强调的是，生态环境的保护和可持续发展是经济社会发展的前提和基础，是我们共同的财富和未来的保障。

践行绿水青山就是金山银山理念，促进生产生活生态协调发展。健全质量标准体系，培育绿色优质品牌。

⑤ 坚持创新驱动。在乡村发展中，坚持创新驱动是至关重要的。随着现代科技的迅猛发展，我们有更多的机会和方式来改造和提升乡村产业，实现乡村的可持续发展。利用现代科技进步成果，改造提升乡村产业。创新机制和业态模式，增强乡村产业发展活力。

综上所述，我国农业产业化园区的规划思想是以科技为先导，坚持可持续发展，发挥区域特色和优势产业，实现企业与政府协同，推动产业融合与多元化发展。这些思想共同构成了我国农业产业化园区规划的基本框架和指导原则。

（2）《规划（2020—2025年）》的重要性

我国农业产业化园区的规划指导思想，是推进农业现代化的重要遵循。它旨在引领农业产业发展的新方向，推动农业现代化进程，助力乡村振兴战略实施。我们要以此为指引，不断创新、奋发向前，为实现农业产业高质量发展、全面建设社会主义现代化国家的目标贡献力量。只有这样，才能确保农业的繁荣、农村的振兴、农民的幸福，为中华民族的伟大复兴奠定坚实的基石。同时，这一指导思想着重强调农业与生态环境的和谐共生。在农业产业园区的规划中，要注重保护自然环境，合理利用资源，确保农业生产的绿色、可持续发展。通过推广生态农业、有机农业等环保型农业模式，可以实现经济效益与生态效益的双赢，为人民群众提供更加安全、健康的农产品。

此外，应特别关注农业产业园区的社会功能。农业不仅是生产粮食和其他农产品的产业，更是关系到国计民生、社会稳定的重要领域。因此，在规划农业产业园区时，要充分考虑到其对于农村经济的带动作用，通过促进农民就业、增加农民收入等途径，推动农村的全面振兴。

最后，要明确的是，这一规划指导思想的贯彻落实需要政府、企业和社会各界的共同努力。政府应加强政策扶持，优化营商环境，为农业产业园区的建设提供有力保障；企业应积极响应国家战略，加大科技创新投入，推动农业产业的转型升级；社会各界也应关注农业发展，支持农业科技创新，共同营造良好的发展氛围。

说一说

2022年9月21日，全国现代农业产业园建设经验交流暨“十四五”农业农村现代化规划视频推进会在京召开。会议指出，建设现代农业产业园要遵循产业发展规律，坚持系统思维，大力度推进、高质量建设。

要突出产业立园，选准主导产业，延伸产业链条，形成全产业链推进、多模式发展新格局。突出科技兴园，努力把产业园打造成为科技创新和成果转化应用的高地。突出绿色强园，加大绿色投入品应用和绿色生产方式推广力度，建设有生命力的绿色低碳园区。突出品牌富园，以特色创品牌、以标准育品牌、以营销强品牌，扩大市场影响力。突出机制活园，健全完善紧密的联农带农惠农机制，推动产业园区和乡村同步发展。

线上查找并学习《全国现代设施农业建设规划（2023—2030年）》文件，互相交流关于现代农业建设的心得体会。

项目六　我国农业产业化园区的规划指导思想说一说拓展阅读

三、我国农业产业化园区的规划原则

在我国，农业产业化园区的规划原则主要包括以下几点：统筹兼顾、市场导向、科技创新、绿色发展和以人为本。这些原则不仅关系到农业产业园区的经济发展，还关乎社会和生态环境的可持续发展。

1. 统筹兼顾原则

既要注重产业园区的经济发展，又要关注社会和生态环境的可持续发展。这一原则强调在发展农业产业的同时，不能忽视社会和生态环境的保护。只有实现经济、社会和生态的协调发展，才能真正发挥农业产业化园区的作用，推动乡村全面振兴。

2. 市场导向原则

充分发挥市场在资源配置中的决定性作用，根据市场需求调整产业结构，推动农业产业化发展。市场导向原则有助于提高农业产值，增加农民收入。在市场需求的驱动下，农业产业化园区可以及时调整产业结构，优化资源配置，提高农业产业链的竞争力。

3. 科技创新原则

强化农业科技创新，提高农业综合生产能力，促进农业产业发展。科技创新是农业产业化园区发展的核心动力，可以提高农业生产效率，降低生产成本，提升农产品质量。通过引进、消化、吸收先进的农业技术，推动农业产业转型升级。

4. 绿色发展原则

注重生态环境保护，实现产业发展与生态环境和谐共生，推动农业绿色发展。绿色发展原则旨在促进农业可持续发展，提高农业产业化园区的生态效益。在发展农业产业的过程中，要切实加强生态环境保护，减少污染排放，保护生物多样性，为农业产业发展提供良好的生态环境。

5. 以人为本原则

关注农民利益，提高农民收入，助力乡村振兴。以人为本原则强调农业产业化园区发展要紧密围绕农民这一核心主体，充分发挥农民的主观能动性。通过培训、技术指导等手段，提高农民的科技素质和生产经营能力，使农民在农业产业化的过程中获得更多的实惠，助力乡村振兴。

我国农业产业化园区的规划原则为产业园区的发展提供了明确的指导思想。在实际发展过程中，各地应根据具体情况，认真贯彻落实这些规划原则，推动农业产业化园区健康、稳定、可持续发展，为我国农业现代化和乡村振兴作出积极贡献。

四、我国农业产业化园区的规划内容

1. 成功的农业产业化园区案例

在探索现代农业产业园的发展模式时，可以从国外的成功案例中获得启示。这些案例展示了现代农业产业园如何通过创新科技应用、产业链整合和可持续发展战略，推动农业转型升级，实现经济效益和生态效益的双赢。

以荷兰的瓦格宁根农业科技园为例。该园区以农业科技研发为核心，集成了种植、养殖、加工、销售等全产业链条。园区内设有先进的农业技术研发中心，专注于植物育种、农业生物技术、农业信息技术等领域的研究。同时，园区建立了完善的农业教育培训体系，为农民提供技术培训，推动农业知识的普及和传播。

在瓦格宁根农业科技园的示范带动下，荷兰的农业实现了高效、精准和可持续的发展。园区内的先进农业技术不仅提高了农产品的产量和质量，还降低了农业生产对环境的负面影响。此外，园区还积极拓展国际市场，将优质的荷兰农产品销往世界各地，为当地农民带来了丰厚的经济收益。

另一个值得借鉴的案例是美国的加利福尼亚州纳帕谷葡萄酒产业园。

该园区以葡萄酒产业为主导，通过整合葡萄种植、葡萄酒酿造、旅游观光等多元产业，打造了一个集农业、工业、服务业于一体的现代农业产业园。园区内的葡萄种植采用了先进的灌溉技术、土壤管理技术和病虫害防治技术，确保了葡萄的高品质和产量。同时，园区内的葡萄酒酿造企业注重技术创新和品质提升，生产出了世界知名的纳帕谷葡萄酒。

纳帕谷葡萄酒产业园的成功在于其产业链整合能力和品牌影响力。通过整合产业链上下游资源，园区实现了资源共享和优势互补，提高了整个产业链的竞争力。同时，园区注重品牌建设和市场推广，通过举办葡萄酒品鉴会、文化旅游节等活动，提升了纳帕谷葡萄酒的知名度和美誉度，吸引了众多游客前来参观和消费。

还有一个典型且具有参考价值的案例，那就是法国的布尔日农业科技园。这个园区以其对生态友好农业的实践和独特的农业旅游模式而闻名。

布尔日农业科技园强调可持续农业的发展，致力于通过生态农业技术减少对环境的影响。园区内的农场采用有机耕作、生物防治等环保农业技术，有效减少了化肥和农药的使用。同时，园区注重农业废弃物的处理和再利用，实现了农业废弃物的资源化利用，有效保护了生态环境。

除了生态农业的实践，布尔日农业科技园还积极发展农业旅游。园区内的农场和农业设施对外开放，游客可以亲自体验农业生产过程，了解农产品的生产和加工技术。这种农业旅游模式不仅增加了园区的收入来源，还提高了公众对农业的认识和关注，推动了农业文化的传承和发展。

布尔日农业科技园的成功经验在于它坚持生态友好的发展理念，注重农业技术的创新和应用，同时积极拓展农业旅游市场。这种发展模式不仅实现了农业的可持续发展，还促进了农业与旅游业的融合发展，为当地经济发展注入了新的活力。

综上所述，国外现代农业产业园的成功案例为我们提供了宝贵的经验和启示。通过创新科技应用、产业链整合、可持续发展战略以及农业旅游的开发，可以推动农业转型升级，实现经济效益和生态效益的双赢。同时应该注重学习国外先进经验，结合我国实际情况，探索出适合我国国情的现代农业产业园发展模式，为农业现代化建设作出更大的贡献。

2. 农业产业化园区的规划内容

现代农业产业化园区是在规模化种养基础上，通过聚集现代生产要素、创新体制机制，形成明确的地理界线和一定的区域范围，具备领先建设水平的现代农业发展平台。在我国，农业产业化园区已成为推进农业供给侧结构性改革的重要载体，乡村振兴和农业农村现代化的重大举措。为实现这一目标，农业产业园区的规划内容应注重以下几个方面。

（1）产业发展规划

产业发展规划是农业产业化园区规划的核心内容。根据园区的资源禀赋、区位优势和市场需求，明确主导产业和特色产业，形成产业链条，推动产业升级。同时，关注农业与旅游、城乡融合的发展，满足差异化市场需求。

（2）空间布局规划

空间布局规划是根据产业发展需求，对园区进行功能分区，合理规划生产、加工、研发、物流、销售等环节的空间布局。优化资源配置，提高产业效益，确保园区内各功能区之间的协调与互补。

（3）基础设施建设规划

基础设施建设规划包括生产设施、公共服务设施、交通设施等方面的规划。确保园区内生产条件优越，满足农业生产、加工、物流等需求。同时，加强园区内公共服务设施建设，为企业和农民提供技术培训、信息咨询、市场推广等服务。

（4）生态环境保护与可持续发展规划

生态环境保护与可持续发展规划是农业产业化园区规划的重要内容。要坚持绿色发展理念，规划园区内的生态环境保护措施，确保农业生产过程中环境友好。同时，推进循环农业发展，提高资源利用效率，实现园区可持续发展。

（5）技术创新与人才培养规划

技术创新与人才培养规划是农业产业化园区发展的关键。加强产学研合作，推动园区内的技术创新，提高农业生产效率。同时，重视人才培养，培育新型农业经营主体，提升园区的整体创新能力。

（6）政策体系与体制机制规划

政策体系与体制机制规划是保障农业产业园区发展的基础。完善政策体系，为园区发展提供政策支持。同时，创新体制机制，激发园区内企业和农民的积极性，提高园区的管理效率。

我国农业产业园区规划应全面考虑产业发展、空间布局、基础设施、生态环境保护、技术创新、人才培养等方面，打造具有竞争力、可持续发展的现代农业产业园区，为推进乡村振兴和农业农村现代化贡献力量。

（7）产业链延伸与拓展规划

产业链延伸与拓展规划是农业产业园区规划的重要环节。通过对主导产业和特色产业的深入挖掘，规划园区内的产业链条延伸和拓展，实现产业内部的循环发展。此外，关注农业与休闲、旅游、文化等产业的融合发展，创新园区业态，提升园区的综合效益。

（8）市场营销规划

市场营销规划旨在提升园区产品的市场竞争力，扩大市场份额。通过调查研究市场需求，优化园区产品的品种、品质和品牌策略，提高产品附加值。同时，加强园区对外宣传，提升园区的知名度和美誉度，为园区产品拓展市场提供有力支持。

（9）金融服务规划

金融服务规划是为了满足园区内企业在发展过程中对资金的需求。加强与金融机构的合作，创新金融产品和服务，为园区企业提供便捷、低成本的融资渠道。同时，推动农业保险的发展，降低农业生产风险，保障园区内企业和农民的利益。

（10）合作与交流规划

合作与交流规划旨在提升园区的开放程度，拓展合作渠道。积极与国内外农业产业化园区、科研机构、企业等开展合作与交流，共享资源、技术和管理经验，促进园区的快速发展。

（11）风险管理与应急预案规划

风险管理与应急预案规划是保障园区安全稳定发展的重要措施。识别园区发展过程中的潜在风险，制定相应的风险防范和应对措施。同时，建立健全应急预案，提高园区在突发事件下的应对能力。

以上各个方面的规划有助于我国农业产业化园区实现高质量发展，推动农业产业结构调整，促进农村经济发展，增加农民收入。在此基础上，进一步完善农业产业化园区规划，使之成为推动乡村振兴战略实施的重要载体。

思考与练习

① 思考你所在的当地农业化发展目前还存在什么问题。

② 根据你得出的结论，结合实际情况，对你所在区域的农业化发展或建立农业园区提出合理建议。